金轮千辐

答理麻固什　著

乔吉　注
包额尔德木图　海英　编译

内蒙古人民出版社

图书在版编目（CIP）数据

金轮千辐 /（清）答理麻固什著；乔吉注；包额尔德木图，海英编译 . -- 呼和浩特 : 内蒙古人民出版社 , 2017.12

蒙汉文互译出版工程

ISBN 978-7-204-15158-5

Ⅰ . ①金… Ⅱ . ①答…②乔…③包…④海… Ⅲ . ①蒙古族 - 民族历史 - 编年史 - 中国 -18 世纪 Ⅳ . ① K281.2

中国版本图书馆 CIP 数据核字 (2017) 第 325958 号

金轮千辐

著　　者　（清）答理麻固什
注　　者　乔　吉
编　　译　包额尔德木图　海　英
责任编辑　王　曼
封面设计　徐敬东
责任印制　王丽燕
出版发行　内蒙古人民出版社
地　　址　呼和浩特市新城区中山东路 8 号波士名人国际 B 座
网　　址　http：//www.impph.com
印　　刷　内蒙古恩科赛美好印刷有限公司
开　　本　710mm×1000mm　1/16
印　　张　20
字　　数　270 千
版　　次　2018 年 1 月第 1 版
印　　次　2018 年 1 月第 1 次印刷
印　　数　1—2000 册
书　　号　ISBN 978-7-204-15158-5
定　　价　79.00 元

如发现印装质量问题，请与我社联系。
联系电话：（0471）3946120

“蒙汉文互译出版”工程

编委会

“蒙汉文互译出版”工程

专家组

文化与文学组组长　特·官布扎布

史学与文献组组长　王石庄

成　员　（按姓氏笔画排序）

仁钦　白·特木尔巴根　那仁朝格图

梅花　萨日娜　锡林巴特尔　嘎日迪

额尔顿哈达　额尔德木图

总　序

姜伯彦

文化是一个国家、一个民族的灵魂。文化兴则国运兴，文化强则民族强。夺取新时代中国特色社会主义伟大胜利，实现中华民族伟大复兴，必须坚定文化自信，推动文化繁荣兴盛，在创造性转化、创新性发展中，铸就中华文化新辉煌。

文化因交流而多彩，

文明因交融而灿烂。

蒙古民族是中华民族大家庭中的一员，在长达千年的历史时空中，“马背民族”绘就了气势恢宏、光彩夺目的历史画卷，创造了悠久灿烂的历史文化。蒙古族音乐、舞蹈、曲艺、绘画、军事、科技、历史典籍、文学作品和风俗习惯等极具特色、内涵丰富，形成了多彩厚重的文化积淀和典籍传承，为铸就灿烂辉煌的中华文化做出了独特、卓越的贡献。

时代在发展，历史在前进。在历史长河中创造的、并为灿烂多彩的中华文化做出卓越贡献的蒙古族历史文化，也面临着保护性抢救、拓展性挖掘和传承性弘扬的时代课题。立足新时代，系统总结蒙古族历史文化，传承弘扬蒙古族历史文化精神，集中展现蒙古族历史文化精髓，对于坚定文化自信，推进内蒙古文化强区建设，建设社会主义文化强国意义重大。

文化的厚植在于交流，

文化的发展在于交流，

文化的魅力在于交流。

蒙古民族创造的特色浓郁的历史文化，既是蒙古族的，更是中国的、世界的。把以母语形式记载和流传的蒙古族历史文化、文学艺术、军事科技、民间艺术、民俗风情等译成汉文出版，既是人们认识、欣赏、品味蒙古族和壮美内蒙古的一把钥匙，也是人们认识、欣赏、品味丰富独特的蒙古族历史文化的一个窗口。同时，将中华民族五千年文明史所孕育的中华传统文化，党领导人民在革命、建设、改革中创造的革命文化和社会主义先进文化译成蒙古文出版，能够进一步促进蒙古族文化在汲取中华传统文化、革命文化和社会主义先进文化的内涵精髓中突出民族性、体现时代性，在融合发展、繁荣兴盛中熠熠生辉；能够进一步促进各民族人民在坚定文化自信中增强“五个认同”，为实现中华民族伟大复兴的中国梦砥砺前行、不懈奋斗。同时也为世界其他国家和地区的蒙古族同胞了解认知中华文化，了解认知中国，了解认知中华民族共同团结奋斗、共同繁荣发展的生动实践提供了重要渠道。

文脉相传、薪火相承。在内蒙古自治区党委、政府的高度重视下，我们启动了“蒙汉文互译出版”工程。工程坚持“抢救挖掘、交流交融、传承弘扬”的原则，精选蒙古族历史文化有传承、传播价值的作品翻译成汉文出版。精选中华传统文化、革命文化和社会主义先进文化有交流、传播价值的作品翻译成蒙古文出版。同时，服务“一带一路”倡议，树立国际视野，面向世界推介传播蒙汉文互译出版精品。

“蒙汉文互译出版”工程，由自治区党委宣传部组织领导，自治区新闻出版广电局具体实施，在编委会的统筹下推进。工程面向国内外征集有价值的选题作品，由专家委员会评审确定。工程指定出版单位，按照标识、开本、封面、版式、纸张“五统一”的方式出版，立足系统化、规模化、标准化，将互译出版的图书做成系列。

文化贵在大众化。没有大众化传播，难以形成高度的文化自觉和文化自信。“蒙汉文互译出版”工程，坚持大众化方向和通俗化、时代化原则，在尊重原义、保留原味的基础上，使译著更鲜活、更生动、更具可读性和吸引力。

文化重在面向世界。不能走向世界的文化，难以在世界文化的交流和碰撞中，尽显强大的生机活力和认同力、影响力。“蒙汉文互译出版”工程，运用市场手段，对翻译作品进行全方位的宣介、发行，最大限度地让国内外读者欣赏到蒙汉文互译出版精品，感受中华文化和蒙古族历史文化的魅力。

回眸过去，在内蒙古出版史上，如此系统化、大规模、高质量地打造“蒙汉文互译出版”工程，尚为首次。我们深知工程意义深远，使命光荣，责任重大，定不辱使命、不负众望，把“蒙汉文互译出版”工程组织好、实施好、推进好，为推动社会主义文化繁荣兴盛做出贡献。同时，我们也深知，蒙古族历史文化和中华文化的典籍文献、发展成果浩如烟海，因工程浩大和蒙汉文互译的难度，互译出版作品难免存有疏漏和不足，敬请赐教。

2017 年 12 月

目录

第一册

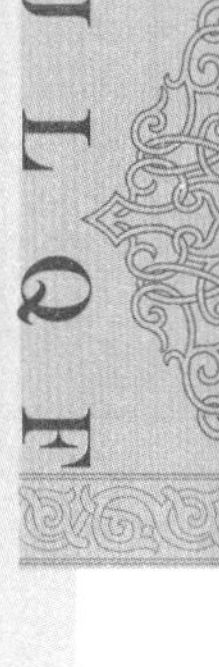

九类章回黄金家族简史，黄金部族心境之愉或金轮千辐——初供序论；二婆娑的形成；三动植物的生成；四额讷特克、吐蕃特、蒙古三宗诸可汗源流四章册。

·蒙古唐卡·释迦牟尼佛·

南无陀佛膜拜三宝！

愿吉祥平安！

在额讷特克之地最初的主权者

最初的摩诃三摩多[①]以降

①梵语，音译 muha sammaada，意思是被大众推举的，直译为“农业之主”。

·成吉思汗像·

将纯洁的王统家族
一直像恒河之流不断推崇的
向尊贵的萨思嘉可汗[①]顶礼膜拜！
向无比高尚的天之天[②]
辅助宗教的净饭王[③]亲族

①尊贵的萨思嘉可汗——萨思嘉是古额讷特克种姓名称。其原称为乔答摩，萨思嘉是他们的分支。释迦牟尼本名为悉达多，出身于乔答摩种姓。“释迦”是“萨思嘉”的异译，“牟尼”意为“圣人”。“萨思嘉可汗”指的是萨思嘉部的皇帝。

②天之天——指的是释迦牟尼佛。佛教经典称，上天为人类的主权，而佛尊则是上天的主权。所以，称其为“无比高尚的天之天”。

③净饭王——公元前6世纪时古额讷特克萨思嘉部落的可汗，蒙译称“阿闰懿德图可汗”，亦称“扎噶尔国可汗”，为释迦牟尼佛的父亲。

普助大地的上天之家族等
大恩者顶礼膜拜，
祈求辅助宗教！
向栖身于不死的冥界
为瞻部洲[①]惠赐奇妙计策的
智慧之神尊贵的昊天
无比圣洁的宗族膜拜。
向上天之子宗教与生灵之福星
承上天之命降生到乞颜贵族的
以“天之骄子”而普扬天下的
天之骄子博格达·孛端察儿[②]顶礼膜拜！
向以此为根承天启运
降生为孛儿只斤氏
也速该·巴特尔[③]之子的

JLQF

①瞻部洲——佛教经典中一个大洲的称谓，又称“南瞻部洲”。

②博格达·孛端察儿——成吉思可汗上十代祖先。《蒙古秘史》称他“博格达”。

③也速该·巴特尔——乞颜·孛儿只斤氏，一代天骄成吉思可汗的父亲。

征服五色四夷大众[1]
前无古人的
博格达·可汗·岱布·成吉思可汗[2]顶礼膜拜！
英明的博格达·太祖
法天启运圣武皇帝[3]以及
继承他执掌人之主权者
辅助宗教的诸可汗顶礼膜拜。
以这些可汗源流事迹为主体，
查阅史书依次编写排列。
为天下生灵造福者，
当属宝贝的佛陀之教。
扶持宗教的当属国之君主
故必通晓其详情细节。
为此，
我向威力胜过雄狮，
睿智能言善辩的
成吉思可汗、忽必烈可汗
顶礼膜拜祈求保佑！
初供绪论。

婆娑世界[4]初成之理，据《阿巴达尔玛经》记载，当尘世[5]空虚之时，第二禅（有色世界，也写作笛彦）[6]之际，大气层慢慢降落，形成了欲界六天[7]宫。天空中

---

①五色四夷大众——在蒙古史书籍中，对蒙古以及被其统辖的诸多异国他族的总称。五色为蓝、红、黄、白、黑；蓝色为蒙古族，红

色为汉族，黄色为萨尔塔兀勒族（以信仰伊斯兰教为主体的阿拉伯波斯人），白色为高丽族，黑色为吐蕃特（藏族）。其中之一为主则其余的为四夷。

②博格达·可汗·岱布·成吉思可汗——蒙古史书籍对成吉思可汗的尊称。

③法天启运圣武皇帝——《元史·卷一·本纪第一》称成吉思可汗为“太祖法天启运圣武皇帝，讳铁木真，姓奇渥温氏”。这里出现的“奇渥温”是“乞颜”的错别字。蒙古文书写的蒙古史书一般称“承天启运圣武皇帝”。

④婆娑世界——佛教史学家称人间为“婆裟世界”，汉文史学家习惯称其为“器世界”。佛教经典称：婆裟世界初始为真空，后来在真空中形成了气坛，气坛厚度有一萨亚六波木波尔，这个气坛之坚固“威力无比的金刚杵也难以击破”。在气坛之上由于气流产生的热量，形成了云层，而下雨积成了水坛。水坛厚度为十一波木二万波尔。在这个水坛上有像“沸开的奶汁上形成的乌如莫”一样的土坛，这就是地层。地层的厚度为三波木二万波尔。在地层上形成了九座大山和八大海洋。详见佛教《丹珠尔》经第 63 卷第 226—255 页。

⑤尘世——佛教经典把世界分成尘世和冥世。尘世指的是人间。

⑥第二禅——有相界，又称色界，有四个甸的第二甸。甸为梵语 Dhyana，意思是静思。有相界是完全解脱了食欲和淫欲的境界。在那里有静思者们修行的四个去处。第二甸是那些静思者们的眼睛、耳朵、鼻子等器官都没有感知，唯靠知觉思考。

⑦欲界六天——佛教经典把世界分成尘世和冥世。冥世是指一切有生命的动物（包括人类）之生与死的趋向三界。

慢慢形成了十六亿波木波尔（由旬）[1]厚的气曼荼罗，其广量无数以波木[2]为单位计算。此曼荼罗之坚固，则威力无比的金刚杵也难以击破。

后来，赖生灵之和谐常规连降大雨而不停，形成的金心雨露积攒成形似车轮，厚度为十一波木波尔有余的水曼荼罗，其广度有二十千波木波尔之大。其后，以一般适应的命运之气体来搅和，定成了三波木二万波尔之大，像奶子上凝固的乌如莫（奶皮子）似的土曼荼罗[3]。在水曼荼罗与土曼荼罗之间特殊的多力量增加而成半径为十二波木三千五波尔，周围相互依存三倍波尔的领域。赖生灵之业果空中升出各种云彩，大降甘雨于土曼荼罗之上，成为大海。由于气体的相撞，初成须弥山[4]及其周围的七座金山[5]。其次，形成了四大部洲[6]和八小洲[7]，外围的铁山[8]。在须弥山的东部以

·蒙古文金字《甘珠尔》经·

①波尔——佛教经典中出现的长度名词。称："二十四寸为一尺，四尺为一庹，五百庹为库拉萨，八库拉萨为一波尔。"相当于蒙古人一里远的距离。

②波木——蒙古语称十万为一波木。

③土曼荼罗——《阿巴达尔玛经》称"大地的本质为金子"，金巴道尔吉《水晶鉴》则写成："金曼荼罗"，汉文佛教史称"金轮"，也就是蒙古人称"altan delehei"即起源于这里。曼荼罗，梵语 mandal，汉译为"坛"。

④须弥山——宇宙初始之际，在由空曼荼罗生成水曼荼罗，由水曼荼罗生成金曼荼罗，在金曼荼罗上生成九山八海，其中心为须弥山。须弥山海拔八万波尔，在海水中八万波尔。须弥山有四面，均以宝石形成。

⑤七座金山——传说围绕须弥山的有七座金山。由里向外分别为"布古拉噶 毛杜图""安吉孙 苏木图""赫迪热图""乌吉斯古冷图""茂林 漆黑图""玛西 额有日森""模糊格日 巴日格其"，并称"均为金质"。

⑥四大部洲——传说围绕须弥山周围的碱海之外围有四大部洲。南有瞻部洲，西有牛贺洲，北有瞿卢州，东有胜神州。

⑦八小洲——蒙古文佛教史书称："中间八洲或随从八洲。"四大部洲各有两个随从小洲。

⑧铁山——传说须弥山周围有七座金山，其外围有碱海，碱海外围有铁山。铁山周长有三萨亚四万二千六百零五波尔。

白银，南部以映青，西部以红宝石，北部以黄金等分别形成①。

在七金山之间有极乐池②，池内有八功德水③，称其为内海。

董莫格尔山④外边有碱海，称之为外海⑤。据《威德时论》之理，在须弥山附近有六大部洲⑥：月亮洲与白光洲、上部库沙与萨察·奇纳哩及外围的六凶恶之地等。善益六海为蜂蜜、油脂、酸奶、鲜奶以及酒类等六部海。

---

①《阿巴达尔玛经》称：最初形成的须弥山周围有七座金山，之后，形成了四大部洲和八小洲、外围的铁山。在须弥山东部以白银，南部以映青，西部以红宝石，北部以黄金等分别形成。

②围绕须弥山的有七座金山之间有七眼池，汉文谓之“极乐池”，蒙古文谓之“chenggelinnoor”。

③“极乐池”中水为“八味水”，汉文谓之“八功德水”，甘甜而无害，称之为内海。

④董莫格尔山——汉文谓之“象鼻子山”。

⑤外海——位于第七层的金山（象鼻子山）与铁山之间的碱海叫外海。四大部洲在外海之外。

⑥须弥山附近有六大部洲——包括在须弥山范围内的六个小部洲。佛教经典称：须弥山山脚细山头粗，像饭碗模样。在须弥山脚下围绕着一千波尔厚的四方阶堤。其中有象鼻子山、倒放叠置的五个碟子模样的五条阶堤仅外边抵达清凉山的三支间有六小部洲、六眼池子、五座大山。

叙述险山之类为：发青光的曼达拉·艾·格热与发宝光的达鲁瓦王、清凉山等六座[①]。这些山环绕在须弥山附近，并与月亮洲、蜂蜜洲连接在一起。

据《威德时论》记载，小瞻部洲[②]南北面积有二十五千波尔，平均分成六份，与此向外为呼图克坦之地、光亮和垃圾、哈喇·奇塔特、伊克·奇塔特、开拉萨（大雪山）等六部[③]。以本洲为中心分东、西与外边均等的平坦之地。其宽度约为二十千四百波尔，一半为六十七波尔，剩余半部为三百三十三庹，还余

①在须弥山附近的六小部洲之间有六眼池子，六眼池子之间还有六座山，六座山分别为："呼和 格日勒图""曼达拉""尼石匝""钦达牟尼 格日勒图""达鲁瓦王""清凉山"。

②小瞻部洲——佛教经典《甘珠尔》和《丹珠尔》分瞻部洲为大和小两个。大瞻部洲是对须弥山周边的四大部洲、八小部洲之统称。小瞻部洲似乎是指额讷特克等亚洲地区。

③小瞻部洲……六部——佛教经典称：小瞻部洲或南中洲，其南北二万五千波尔宽阔，其北部包括雪山（给力萨）、山巴拉、乞塔惕、黎、吐蕃特、额讷特克，南部为领卡之地。

·蒙古文《无量寿经》·

一尺八指。最初的开拉萨部之北有须弥（山），正南边有向南流淌的欣渡河[①]，河以西远处便是雪山环绕的山巴拉之地[②]，中间即是圣洁的八瓣莲花之地。神圣须弥山中心地带上有旋转着的光轮，其中有十二辐般的日月星系在昼夜不停地旋转着。

第二，神祇及噶拉巴形成的概略。

关于万物的形成，据贤者传统的说法，在希勒姆勒第二禅的一位天子涅槃后，从第一禅[③]按转生的规律降生到瞻部洲之故，先定轮回之数，生成了欲色界六天及四大部洲的人类。其后，以此为根源之地生成了饿鬼[④]及河中傍生[⑤]，这样八热地狱与八冷地狱[⑥]中的生灵生成。之后，远近的诸环境皆一时定成，与此传承，在无闲苦难地狱[⑦]一生灵出生，定成的二十噶拉

①欣渡河——额讷特克河，瞻部洲四大河流之一。

②山巴拉之地——佛教经典称之为五部清净地之一。五部清净地为“瓦齐尔图 扫邻”（金刚座）、清凉山（五台山）、布达拉（普陀山）、伍达亚那（邬陀延）、山巴拉（苫婆罗）。称瞻部洲北部的清静之地为山巴拉。

③第一禅——指有相界四禅之初始禅。在这里修行的那些信徒们因为已经告别了一切饮食，所以，他们的鼻子和舌头没有感觉，只有眼睛、耳朵等所产生的感知。第一禅只有梵众天、梵辅天和大梵天三处。

④饿鬼——栖身于地下的饥饿和贪婪之辈的总称。佛教经典称，在瞻部洲地下五百波尔之处为饿鬼界。自从蒙古族人接受佛教与农垦文化以来，“饿鬼”成了一种日常用语，变成新的“蒙古语”，称“negui”。这是蒙古文化开放的特点所导致的兼容性。

⑤傍生——即畜生界，“六走取”处之一。佛教经典称，多数畜生在各洲之间的黑暗之处或外海之中，没有歇脚之闲，奔走觅食，相互残杀。它们是人面夜叉，为了满足各自的欲望，用尽各种伎俩，受尽各种折磨。

⑥八热地狱与八冷地狱——佛教经典称，在瞻部洲地下二万波尔处有地狱，其宽和高均二万波尔。地狱分成八热与八冷，共十六种。也就是说，入地狱的生灵，因其孽缘的大小，在这些地狱中受尽折磨。

⑦苦难地狱——八热地狱中最低的一层。因为是毫无闲暇地受尽折磨的地狱，所以，称其为“无闲苦难地狱”。

巴[1]终止，轮回的二十噶拉巴开始。辅助之拘留孙佛[2]来到这个世界等，四时得以俱齐。这就是形成的二十噶拉巴，轮回的二十噶拉巴，毁灭的二十噶拉巴，空虚的二十噶拉巴。这些噶拉巴被称为间歇的八十噶拉巴，也称作八十个大噶拉巴。其中，瞻部洲初噶拉巴的人类变化而生，器官得以俱全，寿享无限，生来自身有光，与所处环境自相和谐，享用欢愉食物，具有以神通空中飞行之七种功能。那时，长出了一种像蜂蜜一样品味俱全，色泽如黄油，晶莹透明的食物[3]。有一人好奇地用手指沾一下塞到嘴里吃了，其他人也跟着他食用。但他们自身的光亮却黯然失去，各种神通逐渐消失。大家茫然，汇聚到一起号啕痛哭。哭声震撼天地，出现了太阳和月亮，形成了昼与夜。当时，多吃这地油者，

---

①噶拉巴——佛教对宇宙存在的定期观点。认为宇宙到一定的期限就要毁灭，新的期限接着出现。

②拘留孙佛——过去七尊佛中的第四佛尊。《佛祖历代通载》称：当人们能活四万年的时候，拘留孙佛就来到了人间。他出身于额讷特克，是古额讷特克贵族。而在我们中国古典小说《封神演义》中，此佛以一个完整的形象出现在读者的视线里。

③像蜂蜜一样品味俱全，色泽如黄油，晶莹透明的食物——蒙古文佛教书又称“像蜂蜜一样品味俱全的地油”。《彰所知论》称：“人们最初食用的有四种，第一种为地味，第二种为地饼，第三种为林藤，第四种为香稻。”诸多蒙古文佛经以及史书称“salu neretu dotorga”，意为萨鲁稻。

变得容颜丑陋；少吃者则变漂亮了。遂出现了“我漂亮”“你丑陋”的蔑视和不平之现象。因此，那种蜂蜜般的食物自行消失，长出了一片青苗林，名为萨鲁稻[1]。由于此物为堵塞物，故食用它以来，人们身上出现了排放干湿的器官，成为男女有别的生殖器官。遂开始男女媾和而产生性行为，于是，为了隐瞒这种行为，扬沙扬土。后来因为“做了不该做的行为”引起大众的指责，开始建起房舍住了进去。一开始，收萨鲁稻只限当日采收，当日食用，可是有的懒惰之人贪婪地收起了两天、三天的，所以其他人收起年月吃的，野生萨鲁稻被抢光了，只好开始耕种这种稻子吃了。因为有些人嫌自己耕种的萨鲁稻少，遂出现抢夺或偷盗的行为，引发了斗殴、吵架、挖苦、欺骗、诉讼等十大

---

①萨鲁稻——“萨鲁”为梵语 salu，一种野生稻谷。这种传说与西方“创世说”中的“伊甸园”相似，都因为品尝了“禁品”而出现巨变。

·召庙石狮子·

罪孽。于是，大家选举出一位生性忠厚、公正的人将其奉为诺颜，这个人依法行政，公平分田，使形势逐渐趋于和平。为此，人们将秋收的六分之一奉献给他。因为大家所推举，这个诺颜被称为“众所恭维王”[①]。

在他执政时期，人类的寿享无限。后来，从无限的寿命中每百年减少一岁，直到人的寿数到八万岁之时，乌哲斯古楞·格日勒可汗[②]即位。同时，先二十噶拉巴结束，现存的二十噶拉巴之轮回开始。在上噶拉

①众所恭维王——佛教将人类最初的可汗 maxasammada（蒙译为“olana ergugdegsen”）称为“众所恭维王”。蒙古文撰写的蒙古史书籍总是以“众所恭维王”的传说开篇。其中最典型的是《甘珠尔》经第 63 卷《阿巴达尔玛经》的记载。

②乌哲斯古楞·格日勒可汗——“乌哲斯古楞·格日勒可汗”是蒙译名词，意思是“光华美丽的皇帝”。佛教经典所载，他是最初噶拉巴五位可汗之一。五位可汗是：“众所恭维王”；其子“乌哲斯古楞·格日勒可汗”；其子“宝音图可汗”，是蒙译名词，意思是“有福之皇帝”；其子“德额都宝音图可汗”，蒙译名词，意思是“上等有福之皇帝”；其子“特体衮阿萨拉克齐呼图克图可汗”，意思是“辅助得道的皇帝”。

巴之初，拘留孙佛降生到这个世界，超度了无数生灵。

第三，生灵形成的缘由

现存的二十噶拉巴之初人类寿享八万岁，拘留孙佛驾临到人间；人类寿享降到三万岁之时，“众所恭维王”后裔，拘那含佛①驾临本瞻部洲。从此，（人类）每万岁减去一岁，直到二万岁之时，迦叶佛②驾临本瞻部洲。他的施主为格哩格哩可汗。其子赛音·图鲁勒克图之王统，在布瓦达朗城之地生息一百代之末，名叫齐克图的可汗即位，其子是乔答摩与巴拉多孜二人。乔答摩向父亲求得允许之后，跟随黑衣仙人出家。经过一番艰苦生活之后，感到厌倦，在布瓦达朗城附近建起一座小房住了下来。

那时，布瓦达朗城有一歌女名叫巴达剌。有一个名叫玛拉里的男子送给巴达剌一件彩衣，与她约会。

---

①拘那含佛——为过去七佛之第五佛尊。《佛祖历代通载》称：“当人类能活三万年的时候，这位佛尊来到了世界。”

②迦叶佛——梵语称 kasyapa，吐蕃特语称 odsrung，蒙古语翻译称“gerel sahigci”，汉文佛经称“迦叶佛”。为过去七佛之第六佛尊。《佛祖历代通载》称：“当人类能活二万年的时候，这位佛尊来到了世界。”

·蒙古画·

另有一男子送给她五百羯利沙钵那，与她作乐。玛拉里见她没有赴约，并得知她与别人幽会之后，以为“穿着我送的彩衣，与别人作乐而嫉妒！”一气之下，砍死了歌女巴达刺，侍女大声喊：“杀死了哈屯！”众人闻声赶来。玛拉里赶紧把杀人的血刀扔到乔答摩家门旁，钻进人群之中，谁都认不出他了。众人都疑为乔答摩与歌女巴达刺有来往而情杀，把乔答摩当成杀人犯押送到可汗那里。可汗说：“出家人还这么无礼？把他除掉！”将他悬挂在高杆之上。

乌必达尼①黑衣仙人到小房子没有找到乔答摩，四处寻找，最后见他被悬挂在高杆之上，慈悲地问：“徒儿啊，怎么这样啦？”乔答摩说：“前因所至如此下场！”问：“你是否做了罪孽？”乔答摩说：“我的身上虽

①乌必达尼——梵语 Opadhyaya，意思是“师傅”或“喇嘛”。仙人，源自梵语 rici，意思是智者或圣人。“黑色仙人”是五世达赖喇嘛的《西藏王臣记》上的说法。

有了伤疤，但心里没有罪孽，不是在撒谎，我的每一句话都是真实的。”乌必达尼说：“如果你说的是实话，那我的黑色变成金色，我才相信！”话音刚落，黑色仙人立刻变成了金色。从此，乌必达尼以“金色仙人”而扬名。乌必达尼问:“你长这么大，到底有没有子女？”乔答摩说：“我从未娶妻，哪有儿子？”乌必达尼问：“那你有没有爱恋过的女人？说出其名字来。”乔答摩说：“我在艰苦中挣扎，哪来的爱恋之情啊。”师傅[1]怜悯，用神通

·呼和浩特大召主佛殿·

呼风唤雨，一阵甘雨过后，其身过程，于是，他的身体里滴出两滴精液和血液混合的精液。乌必达尼说：“思虑自己，思虑环宇，思虑生灵之轮回，思虑佛境。”之后为他做了“不可思议四境界”[2]训诫，并为事物之不可思议的轮回而将两滴精液变成两个蛋，又将两个

①师傅——亦指以上“黑色仙人”。

②不可思议四境界——佛教不可思议的事情有四项，经典中称其为“不可思议四境界”，即宇宙不可思议，生灵不可思议，龙庭不可思议，佛境不可思议。

蛋放于阳光下化成两个男婴，进入了博罗木树林（赤糖林）中。

乌必达尼追踪两个婴儿进入博罗木树林中，找到了他们。因为借乔答摩和阳光之力化成，故称其为“那仁萨敦图”（太阳的亲族）；又因从博罗木树林中找到，故又称其为“博罗木毛都图”（赤糖林之源）。称其渊源形成的诸可汗后裔为“那仁萨敦图”和“博罗木毛都图之后”[①]。因巴刺敦扎可汗无嗣，从“金色仙人”处，在布瓦达朗城找到博罗木毛都图，推举他为可汗。博罗木毛都图可汗的王统经过一百代之时，一位名叫巴鲁瓦达该的可汗即位，其子敖敦·索门·尼古尔图及哈喇·齐克图、扎可汗·诺木塔哈克齐、呼勒温·巴古图四人[②]。

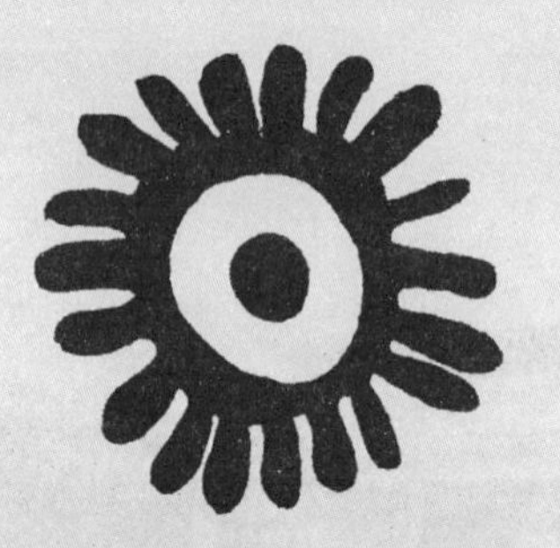

·岩画·

心得以安抚，他遂叙述了以往的爱恋，因这些儿子们被生父驱逐流放与各自的妹妹来到名为特古斯·忽必图·特尔根江（指恒河）边，在喀巴里仙人的清净之地[③]附近用树叶搭起赡顶的小房，以狩猎野鹿维持生活。他（她）们逐渐长大成年，禁不住性欲，体

①“那仁萨敦图”和“博罗木毛都图之后”——佛教经典记载了释迦牟尼佛所出身的乔答摩氏变成那仁萨敦图和博罗木毛都图之后的传说。蒙古文佛经几乎与藏文佛经无异。汉文佛经《佛祖统纪》记载的传说二则，却有些离奇。第一则传说：在那无数噶拉巴时代，有一国家兄弟二人，哥哥把自己的王位交给弟弟，自己出家跟随一位婆罗门乔答摩学经。他在博罗木树的园林中学习期间，牵涉到盗贼案件，被挂在高杆上处死。其师傅婆罗门乔答摩知道后，从其尸首中取出两滴血，用神通提炼十个月之后，两滴血变成了一男一女，他们是乔答摩姓的祖先。第二则传说：从金轮法王传承到第八万四千位大汗，最后这位可汗因年事已高，将朝政交给其臣属，剃度出家为僧，与众和尚一起行乞。后来，老和尚衰老得实在行走不了了，其徒弟们把他装进用草编织的鸟笼里，挂在大树上。有一猎人看见这个鸟笼，误认为是白色的鹰隼，将其一箭射死。他的血液滴在地上，长出两棵博罗木树。经吸取日月之精华，两棵树分别孵化出一男一女。其徒弟们精心养育，长大了给他们取名 sujata。又因为出身于博罗木树，称“博罗木毛都图”可汗。又因吸取日月之精华而生，称“那仁萨敦图”。

②巴鲁瓦达该可汗的四个儿子——这个传说在藏文、蒙古文佛经中基本一致。汉文佛经称：两棵博罗木树孵化出的一男一女为可汗和哈屯。其小哈屯生了四个儿子，一个个都能力很大，后来发展成了萨思嘉氏。

③喀巴里仙人的清净之地——梵语 kapilavastu，吐蕃特语 ser skya ghrong, 汉文佛经称“迦毗罗苏都”，蒙古文佛经称 kabilag，意思是“黄发仙人”。巴鲁瓦达该可汗四个儿子被流放的地方，原来是喀巴里仙人栖身之处，因此，《水晶鉴》称“chaibor sharin balgason”，意思是“黄发之镇”。

态明显焦黄消瘦起来。喀巴里仙人对他们说：“你们与各自的妹妹行欢吧！”他们回问：“那怎么行呢，不是违背了朝廷之伦理嘛？”后来他们各自与妹妹行欢，生下了很多子女。

·元代菩萨鎏金铜像·

喀巴里仙人用金瓶画出村镇模样。那些村镇建起之后，被称为喀巴里克城。他们逐渐繁衍，人口增多，又建立起天佑城而居。他们的父汗听说这些事情之后说：“我的青年们会生活了，实在是乾达牟尼（能者）[①]啊！”额讷特克语意思即“萨思嘉”，从此以后他们以“萨思嘉·能者世家”[②]闻名于世。

之后，呼琳·巴古图之后裔经过五百一十五代时，诺门·锡图克齐可汗[③]即位，其子色格兀（狮子颈王）、纳达（狮声王）二人[④]。

其前者长子阿里衮·伊德克图（净饭王）、察干·伊德克图（白饭王）、唐苏克·伊德克图（斛饭王）、阿尔善·伊德克图（甘露饭王）四人[⑤]。还有阿里衮、察干、唐苏克、阿尔善四个姑娘[⑥]。阿里衮·伊德克图

①乾达牟尼——是蒙古语“齐达玛盖”的错别字。“齐达玛盖”梵语翻译为“萨思嘉”。

②“萨思嘉·能者世家”——梵语称“能者”为 sakya。《水晶鉴》称：“萨思嘉意为能者，‘萨思嘉·能者世家’起源于此。”

③诺门·锡图克齐可汗——蒙古文佛经称“巴图·喏木图”。

④色格几、纳达二人——蒙古文佛经称 araslan ereutu 和 araslan dootu。这里出现的“色格几”是将梵语 simxaxxnu 音译到吐蕃特语称 senggxe 的结果。吐蕃特语 senggxe 的意思是狮子。所以，蒙古文佛经“色格几”指的是 araslan ereutu 和 araslan dootu。纳达是梵语 simhanada 的 nada 之音译，指的是 araslan dootu。

⑤色格几可汗的四子——长子阿里衮·伊德克图，蒙译为“清洁食物之皇帝”，汉文佛经称“净饭王”；次子察干·伊德克图，汉文佛经称“白饭王”；三子唐苏克·伊德克图，蒙译为“丰盛食物之皇帝”，汉文佛经称“斛饭王”；四子阿尔善·伊德克图，蒙译为“神泉食物之皇帝”，汉文佛经称“甘露饭王”。

⑥色格几可汗四女——蒙古文佛经载为 sodi、sogli、torti、amirtahi。阿里衮，意思是“贞洁”；察干，意思是“洁白”；唐苏克，意思是“丰盛”；阿尔善，意思是“神泉”。也就是说与其四个儿子基本同名。

·莲花生·

有伊拉出·特古斯·萨巴特等两个儿子。图萨·布图格森和阿南迪（阿难陀）二人；察干·伊德克图之子伊拉古克散（调连）和妙颜难陀二人；唐苏克·伊德克图之子摩诃男和阿那律二人；阿尔善·伊德克图之子阿南达（阿难陀）和迪瓦达特（提婆达多）[①]二人。阿里衮·额克的儿子玛希·赛音·莲花；察干·额克的儿子额尔和图；唐苏克·额克的儿子赛音·阿尕力图；阿尔善·额克的儿子布延·阿尔必达哈克齐。图萨·布图格森的儿子罗侯罗。之后，色格兀在喀巴里城做了可汗。

玛希·赛音·莲花在达瓦·斯达拉之地[②]做了可汗。

自从玛哈萨玛迪可汗到儿子罗侯罗，已经过了一萨亚（数名词，为百万）六波木（数名词，为十万）五百位可汗的时代，这是《必尼经典》所记。萨嘉在阿尔斯兰·多克申的铁猴年（岁庚申，公元前541年）降生到这个世界，二十九岁出家，三十六岁超度成佛，在瓦拉纳什[③]转四谛法轮，直到八十岁修炼了八万四千经论[④]，成就了超度之道。

①阿里衮·伊德克图、察干·伊德克图、唐苏克·伊德克图、阿尔善·伊德克图四人——关于阿里衮·伊德克图可汗的长子，蒙古文佛经称 ilaju tegus nugqigsen 或 tosa butugsen，这是释迦牟尼佛名讳的蒙古文意译。幼子名讳梵语为 siddhartha 或正确读音为 sarvartthasiddha。Nandi，梵语称 nanda，吐蕃特语称 dgado，梵语又写成 sundarananda，蒙译为 ujishuleng nandi，汉译为“妙颜难陀”。察干·伊德克图之子名讳伊拉古克散和妙颜难陀二人。《黄金史》称 nasona tegulder ilagogqi 和 tegus saiyin 二人；汉文佛经《佛祖统纪》称，调连和阿难陀二人；《释迦谱》称，长为阿难，幼为调达。唐苏克·伊德克图之长子摩诃雅纳米，梵文 mahanaman，蒙古文佛经称 nasona tegulder yehe neretu，汉文佛经称“摩诃男”。幼子乃如瓦迪，梵文 aniruddha，吐蕃特语 mah hgagspo，蒙古文佛经称 ulu doroitagqi，汉文佛经称“阿那律”，他是释迦牟尼佛十大弟子之一。阿尔善·伊德克图之长子阿南达，梵文 ananda，吐蕃特语称 kun dgah bo，汉文佛经称“阿难陀”，他是释迦牟尼佛十大弟子之一；幼子名讳蒙古文音译为 diwadad，梵文 devatta，吐蕃特语 lhas byin 或 hlan dshin，汉文佛经称“提婆达多”或“调达”。还有汉文《佛祖统纪》和《释迦谱》将此二人称为“波沙”和“跋提”。

②达瓦·斯达拉之地——可能是地名或者部族、国家之名，不太清楚。

③瓦拉纳什——梵语 varanasi, 吐蕃特语 Waranisse, 蒙古文佛经作 waranasi。恒河流域古额讷特克一个小邦国。

④八万四千经论——古额讷特克地区习惯用“八万四千”来表示无止境的多数。

·释迦牟尼佛·

宗教在额讷特克之地可汗中首先传播。

第五伊拉古克散·额尔和图·南无佛[①]同时有吐蕃特的萨尔巴可汗[②]的幼子，其手指以网膜连在一起，具有犀牛眉毛，眼帘上合，牙齿如海螺。因此，占卜先生没能相准。有的书籍称“是上天或鬼蜮之神祇”而“装进匣子里弃于恒河”；有的书籍称“玛卡达国古沙可汗[③]之子锡

---

①第五伊拉古克散·额尔和图·南无佛——在这里指的是五世达赖喇嘛罗桑嘉措。

②萨尔巴可汗——《吐蕃特诸可汗世袭》称：“额讷特克萨思嘉黎吧啦和帕可汗的源流，安硕卡可汗之后为双胞胎，一为丝和亚帕斯丁，另一位叫大马卡巴尔加帕。后来因为朝廷内乱，大马卡巴尔加帕可汗的长子睿智而得以称可汗。他在神的指引下，男扮女装，逃到了吐蕃特地区，当上了萨尔巴可汗。”《西藏王臣记》称其为“玛甲巴王”。

③玛卡达国古沙可汗——古沙，梵语，古额讷特克摩喝陀国之都为古沙城。这里可能指摩喝陀国国王。蒙古文《黄金史》称：“额讷特克摩喝陀国古沙可汗之子萨尔巴可汗。”

拉巴可汗”；有的书籍称“巴塔萨拉国①乌鲁古鲁克齐可汗之子颈座王”；有的称“库萨木必纳国②百兵王之子乌鲁古鲁克齐”；以上两个是否一致？是否与阿里衮·伊德克图可汗联过姻？

外沙里城有一个人在河边拾到这个孩子收养起来。后来这个孩子来到雪山之地。有的书籍称“在雅尔隆草原见到了道士③”。他们问：“你是谁？”回答：“我

·蒙古族剪纸·

JLQF

①巴塔萨拉国——本书称“巴特克里克国”，蒙古文《大黄史》称“巴塔萨拉国”。

②库萨木必纳国——为梵语 kusumapura 的误写。古额讷特克摩喝陀国的一座城市，因为在这座城里有很多花草，故称其为花城。释迦牟尼佛之后，安硕卡可汗把首都迁到了这里。

③道士——吐蕃特语 pon bo，佛教传入吐蕃特地区之前那里人们崇仰的宗教。从藏文文献看，这个宗教开始在西藏阿里地区传播，其性质基本上和蒙古族的孛额教（通称萨满教）一样。

是众所恭维王后裔黄金家族。”于是，他们就让他骑在自己的脖子上，回到吐蕃特当了可汗。这就是吐蕃特最初的可汗——呼珠衮·散达力图可汗（颈座王）[1]。从他到第二十五代可汗，遵奉苯布教[2]。

·席力召图古佛殿山门·

之后，在萨满达巴达里（普贤菩萨）[3]化身刺哈·图瓦达里·斯勒·沙勒可汗[4]时代，在云布拉岗宫殿上边，从天降下《宝

①呼珠衮·散达力图可汗——这是蒙译吐蕃特语 rje gnah khri btsan po，意思是颈座王。

②苯布教——也就是上文出现的道士。蒙古语意译道士为 bombo，来源于此。

③“普贤菩萨”——如来佛祖两位大弟子之一。在佛寺里，如来佛左边塑有乘坐狮子的文殊菩萨，右边塑有乘坐白象的普贤菩萨。

④刺哈·图瓦达里·斯勒·沙勒可汗——从吐蕃特颈座王开始算起，他是第二十八代。多数藏文文献称，佛教开始传播于他的时代。

匣经》《邦公洽甲》《圣洁秘典》及小金塔等。从此，吐蕃特得到了佛教之源[1]。

之后，第五代可汗时代[2]，通天眼·呼必勒可汗松赞干布可汗[3]降生。他娶白度母之化身巴喇布国赤尊公

·松赞干布与文成公主·

①吐蕃特得到了佛教之源——多数藏文文献称，佛教开始传播于剌哈·图瓦达里·斯勒·沙勒可汗时代。相传，佛教经典和黄金宝塔从天降落在他的宫殿之上。

②第五代可汗时代——指的是从剌哈·图瓦达里·斯勒·沙勒可汗数到第五代。

③通天眼·呼必勒可汗松赞干布可汗——汉文文献称“松赞干布”。

主①和绿度母之化身奇塔特国的文成公主②为哈屯，并请进两尊昭（吐蕃特语，意思是佛像）。

让吞米桑布扎创扎创造吐蕃特新字。实施十善白福法政③，制定了宗教制度。与此又过五代时，曼殊室利化身赤松德赞可汗④降生，聘请通晓五部经典而九百多岁高龄的善迪朝瓦（静命）⑤大师，宣扬十福与十八

·宗喀巴·

①白度母之化身巴喇布国赤尊公主——吐蕃特语 sgrol-ma dkar-mo, 蒙古文文献称 getulgegqi ehe, 汉文文献称“白色救度佛母”。

②文成公主——唐王朝宗室女儿，笃信宗教。唐太宗贞观十五年（公元 641 年），嫁给了吐蕃特之主松赞干布。唐太宗以释迦牟尼佛像、珍宝、金玉书橱、三百六十卷经典、各种金玉饰物为嫁妆，并给予多种烹饪的食物、饮料、马具、绸缎以及卜筮经典三百种、明鉴、营造与技工著作六十种，治四百零四种病的医方百种等，为汉藏关系的友好发展打下了坚固的基础。她曾在逻娑（今拉萨）创建小昭寺。现西藏大昭寺内保存有为她与松赞干布所立的塑像。吐蕃特文称其为 sgrul-ma ljan-mo, 汉文文献称“绿色救度佛母文成公主”。

③十善白福法政——很多有关历史文献记载，松赞干布时代，吐蕃特地区实施了十善白福法政。后来，在大元时代，元世祖忽必烈薛禅可汗通过八思巴喇嘛，对此法政进行完善和修改，命名为《十善白福史》，作为“以儒治国，以佛治心”的理论纲领来实施。内蒙古社会科学院蒙古史研究所已故学者留金锁先生对此书加注校正而出版。

④赤松德赞可汗——吐蕃特语 khri srong lde btsan, 汉文文献称“赤松德赞”，将其与松赞干布、赤祖德赞连称“吐蕃特三大法王”。

⑤善迪朝瓦——又称“菩提萨笃哇”，五世达赖喇嘛所著《西藏王臣记》称其为“干布·菩提萨笃哇”。他被吐蕃特可汗邀请到汗庭，念诵十善白福和十八宗佛经，惹怒了吐蕃特地区夜叉恶鬼。善迪朝瓦是 18 世纪额讷特克的著名和尚，梵文称其为 san taraksita, 吐蕃特文称其为 zhi ba tsho, 汉文文献称其为“寂护”。

宗[1]，激怒了吐蕃特地区的夜叉恶鬼[2]，导致了很多人死亡。为此，静命大师大发神威，请来二世师尊巴达玛散巴瓦[3]（莲花生大师），征服了夜叉恶鬼，建起桑耶寺[4]，并将三百名睿智者受戒为僧，传播了宗教。

从蒙古诸可汗的兴盛说起。

胡珠温叁达力图可汗（颈座王）的第五代（有的史书称第七代）子孙名叫阿拉坦叁达力图可汗。有博罗赤、少布赤、孛儿帖赤那三子。因兄弟之间不睦，幼子孛儿帖赤那往北方渡过腾汲思海，来到雅惕（扎惕——译者）之地，娶名叫豁埃玛阑勒[5]的姑娘，游牧于不而可汗合勒敦山。遇到游牧的蒙古必塔国[6]民，叙述自己的来历。必塔国民相互商量后说“他是远古可汗的后裔，而且睿智明哲，形态稳重，可做我们的诺颜”，遂举其为本部的首领。他统辖游牧的必塔国之后，视其中牟尼人（蒙古人）占多数，遂起名为蒙古国，成了蒙古国[7]孛儿只斤氏乞颜部人。从此以后，孛儿只斤氏乞颜部人成为蒙古诸可汗氏族。

①十八宗——为佛教十八宗。说人身具有此十八界，其中发生认识的六根：眼、耳、鼻、舌、身、意。由此生起的六识：形、声、香、味、触、法。以此达到的六界：眼睛认识形式、耳朵闻知声音、鼻子嗅知香臭、舌头品知味道、身体感触外界。综合起来谓之“十八宗”。

②吐蕃特地区的夜叉恶鬼——起始之时，这是古额讷特克一个部族的名称。后来，雅利安人占领额讷特克之后，这个名词演化成魑魅

魍魉的代名词。佛教称夜叉恶鬼者，其雄性为黑色身子、红头发、绿眼睛，其雌性婀娜多姿但吃人。

③巴达玛散巴瓦——汉文佛经称“莲花生大师”，蒙古文佛经称 borhan baksi。

④桑耶寺——多数藏文文献称此寺兴建于兔儿年（公元 763 年），到第二个兔儿年（公元 775 年）竣工。

⑤豁埃玛阑勒——《蒙古秘史》称：“成吉思可汗的祖先，承天命降生的孛儿帖赤那，其妻子豁埃玛阑勒。”对此两个名词，学者意见不一，争论纷纷。大体有两种观点：一为人名，说是蒙古部落的祖先夫妻二人，其丈夫孛儿帖赤那为出身于古额讷特克可汗家族。而豁埃玛阑勒为雅惕之地的姑娘。二为图腾崇拜之名称，这种观点是文化学研究传入中国后的新观点。

⑥蒙古必塔国——汉文文献中“北狄”的音译。其演化如下：北狄——狄狸——丁零——铁勒——敕勒——疏勒——高车——突厥。

⑦视其中牟尼人占多数，遂起名为蒙古国——这是蒙古族族源问题诸观点之一。有学者认为“牟尼”指的是乌拉山附近的一条河名，蒙古语“乌拉”的意思是“山”，其名字叫“牟尼山”。从“视其中牟尼人占多数”的说法看，“蒙古”—— monggol 一词是以 mon+gol 为基本结构形成的。古代蒙古语“古勒”，有指一个主权群体的“乌鲁斯”之义。例如：《格萨尔传》中出现的“希莱·古勒三可汗”，有学者解释为“黄色维吾尔为主体的乌鲁斯”。与此相同，蒙古族历史上频繁出现的“萨尔塔兀勒”一词，有“以崇拜月亮的人为主体的乌鲁斯”之义。（参见额尔德木图《阿拉伯文化与蒙古文化的融合》，发表在《内蒙古师范大学学报》1995 年第三期蒙古文版）。

孛儿帖赤那生二子，名叫巴塔·萨那、巴塔赤可汗[①]。巴塔·萨那的后裔是泰亦赤兀惕氏[②]；巴塔赤可汗的后裔是蒙古可汗，在蒙古很多书籍中均有记载。继而；二传至巴塔赤可汗；三传至塔马察[③]；四传至豁里察儿·篾儿干[④]，有人称其为巴达玛·堪布大师[⑤]；五传至阿兀站·孛罗特温勒[⑥]；六传至撒里合察兀[⑦]；

①巴塔·萨那、巴塔赤可汗——《蒙古秘史》上只有一位“巴塔赤可汗”，为孛儿帖赤那之子。

②泰亦赤兀惕氏——《元史》作“泰赤乌”。《蒙古秘史》称：“察剌孩领忽之子想昆必勒格、俺巴孩坛成了泰亦赤兀惕氏。”本书则称“巴塔·萨那的后裔是泰亦赤兀惕氏”。本书这种说法与《蒙古秘史》的说法不一。

③塔马察——塔马察是《蒙古秘史》的写法，本书写成“塔玛钦”。

④豁里察儿·篾儿干——豁里察儿·篾儿干是《蒙古秘史》的写法，本书作“胡力奇乐墨尔根”。按《蒙古秘史》记载，他是孛儿帖赤那的第四代后人。

⑤巴达玛·堪布大师——汉文佛经称“莲花生大师”，蒙古文佛经称“布尔可汗巴克师”。

⑥阿兀站·孛罗特温勒——阿兀站·孛罗特温勒是《蒙古秘史》的写法，本书作“斡克钦布拉勒”。

⑦撒里合察兀——撒里合察兀是《蒙古秘史》的写法，本书作“哈里逐日干嘎勒珠”。

七传至也可·你敦；八传至挦锁赤；九传至合儿出[①]。十传至孛儿只吉歹·篾儿干[②]，其妻子名叫忙豁勒真·豁阿[③]，生脱罗豁勒真·伯颜[④]，其妻子孛罗特黑臣·豁阿[⑤]生都蛙锁豁儿[⑥]、朵奔·篾儿干[⑦]二人。都蛙锁豁儿有四子，朵内、朵克伸、阿力玛、额力和等为卫拉特、斡勒忽讷兀惕、巴哈脱特、辉特客列讷特四姓的

①合儿出——合儿出是《蒙古秘史》的写法，本书作“伊孙萨里嘎勒珠”。

②孛儿只吉歹·篾儿干——孛儿只吉歹·篾儿干是《蒙古秘史》的写法，本书作“布尔吉格台摩尔根”。

③忙豁勒真·豁阿——这是《蒙古秘史》的写法，本书作“蒙胡勒津高娃”。

④脱罗豁勒真·伯颜——这是《蒙古秘史》的写法，本书作“图鲁古勒津伯颜”。

⑤孛罗特黑臣·豁阿——这是《蒙古秘史》的写法，本书作“宝如克钦·高娃”。

⑥都蛙锁豁儿——这是《蒙古秘史》的写法，本书作“陶锁豁儿”。

⑦朵奔篾儿干——这是《蒙古秘史》的写法，本书作“朵布墨尔根”。

祖先[1]。

有的称朵奔·篾儿干生孛端察儿[2]。

十一传至脱罗豁勒真·伯颜。

朵奔·篾儿干(有的史书称朵奔·篾儿干)生不忽·合答吉、不合秃·撒勒只二子，不忽·合答吉的子孙成了合塔斤氏，不合秃·撒勒只的子孙成了撒勒只兀惕氏，孛儿帖赤那的子孙从此分了家。额中有独眼的都蛙锁豁儿有两个儿子，从孛儿帖赤那已传十二代。自朵奔·篾

①都蛙锁豁儿有四子，朵内、朵克伸、阿力玛、额力和等为卫拉特、斡勒忽讷兀惕、巴哈脱特、辉特客列讷特四姓的祖先——《蒙古秘史》称"都蛙锁豁儿有四子。……其四子……成了朵儿边氏"，没有记载他们的名字。《蒙古源流》称："都蛙锁豁儿有四子，他们是朵内、朵克申、额莫里克、额儿克，他们成了卫拉特的额鲁特、巴哈图特、辉特、克列努特诸氏的祖先。"这种记载不多见。据《杜尔伯特蒙古族自治县志》以及博少布先生有关黑龙江省杜尔伯特部历史著作，当今黑龙江省杜尔伯特蒙古人是都蛙锁豁儿四子的后裔。嫩科尔沁属下的郭尔罗斯、杜尔伯特、扎赉特三部是嫩江地区原来的游牧蒙古部落。公元1548年，北元打来孙库登可汗调遣右翼阿勒坦汗和东北部的科尔沁部镇压乌梁海部的反叛时，奎蒙克塔斯哈喇率部参加战争。战争结束后，阿勒坦汗的孙子鄂穆布洪台吉留居北票、朝阳地区。打来孙库登可汗北迁进入西拉木伦流域。原驻那里的科尔沁部在奎蒙克塔斯哈喇率领下，入主嫩江地区，之后这些部落隶属于嫩科尔沁部。

②孛端察儿——这是《蒙古秘史》的写法，本书作"博东察儿"。

儿干去世后，其哈屯（夫人——译者）土默特氏豁里剌儿台·蔑儿干的女儿阿阑豁阿[①]没有了丈夫，一晚有光由天窗入室，变成英俊的青年（有的说是玉帝），抚爱哈屯。从此，哈屯有了身孕，生下幼子苍天之子孛端察儿·博格达[②]（圣人）。那位上天的实身，虽然不被众人看见，可抚爱了没有丈夫的阿阑豁阿，从而生下了这个儿子，所以称孛端察儿。这个儿子和平常人不一样，生性奇异，不问凡事，性情温和，不爱答话。

①阿阑豁阿——这是《蒙古秘史》的写法，本书作“阿鲁诺豁阿”。

②孛端察儿·博格达——意思是“圣人孛端察儿”。成吉思可汗之前，被称为“博格达”的只有这个人。因为，他的直系后裔是成吉思可汗出身的孛儿只斤氏。

所以，人们以为愚钝，称他为孛端察儿·蒙哈克（蒙哈克，是蒙古语，意为愚钝——译者）。因为上天抚爱孛儿只斤氏的哈屯而生下这个儿子，所以，他的子孙被称为苍天之子，具有常人不可及的智谋与力气。后来，这些孛儿只斤氏成为游牧的蒙古人的诺颜[①]（首领——译者）。从此，蒙古诸可汗成为苍天之子，这符合人的始祖起源于上天之说[②]。

孛端察儿·博格达可汗的儿子合必赤·曲鲁克[③]，他的儿子必克力·巴特尔[④]，他的儿子篾年·土敦[⑤]的七个儿子中长子合赤·曲鲁克即了可汗位。幼子纳臣·巴阿秃儿继承了兄长合赤·曲鲁克的可汗位，收继合赤·曲鲁克的儿子海都来继承了自己的可汗位。

海都可汗征服四方诸部，威震四方。其子名叫伯升豁儿·多黑申[⑥]，其子屯必乃·薛禅[⑦]，其子合不勒可汗，其七子中的次子把儿壇·巴特尔[⑧]即了可汗位。其五子中三子也速该·巴特尔[⑨]即了可汗位。他收复了全体游牧必塔国民以及四方的特木津、泰亦赤兀惕、唐兀惕、契丹等诸多部落。自孛儿帖赤那到他的这一代，已经传承二十四代可汗位。

这部分概略记叙了额讷特克、吐蕃特、蒙古三宗诸可汗之源流[⑩]。

①诺颜——“诺颜”，也是蒙古语，意思是“官人”，在这里是“首领”或“酋长”的意思。

②人的始祖起源于上天之说——官布扎布《恒河之流》称：“神通广大的李济传所载，水之源来自雪化，人之祖来自上天。”

③合必赤·曲鲁克——这是本书的写法，《蒙古秘史》称“合必赤·巴特尔”。

④必克力·巴特尔——《蒙古秘史》称：“合必赤·巴特尔之子篾年·土敦”。《黄金史》称“必克力·巴特尔”。

⑤篾年·土敦——这是《蒙古秘史》的写法。本书作“玛哈图丹”。

⑥伯升豁儿·多黑申——这是《蒙古秘史》的写法。本书作“巴日思松忽儿”。

⑦屯必乃·薛禅——这是《蒙古秘史》的写法。本书作“屯必海彻辰”。

⑧把儿壇·巴特尔——这是《蒙古秘史》的写法。本书作“巴儿达木巴特尔”。

⑨也速该·巴特尔——这里所说的“即了可汗位”是即部落首领之位。合木黑蒙古国是自合不勒可汗开始的。合不勒可汗的继承者是俺巴孩可汗，俺巴孩可汗被阿拉坦国杀害后，由忽秃剌可汗即位。据《圣武亲征录》载：铁木真迎战札木合的十三翼之中，“忽秃剌可汗之子术赤可汗”领一翼军之说。

⑩这种说法是自大元朝八思巴开始的，它把佛教起源与蒙古族起源统一起来，以达到将佛教在蒙古人中的传播推向新的高潮的目的。有关蒙古史的蒙古文文献，除《蒙古秘史》外，其余基本上都是遵循这条思路撰写的。

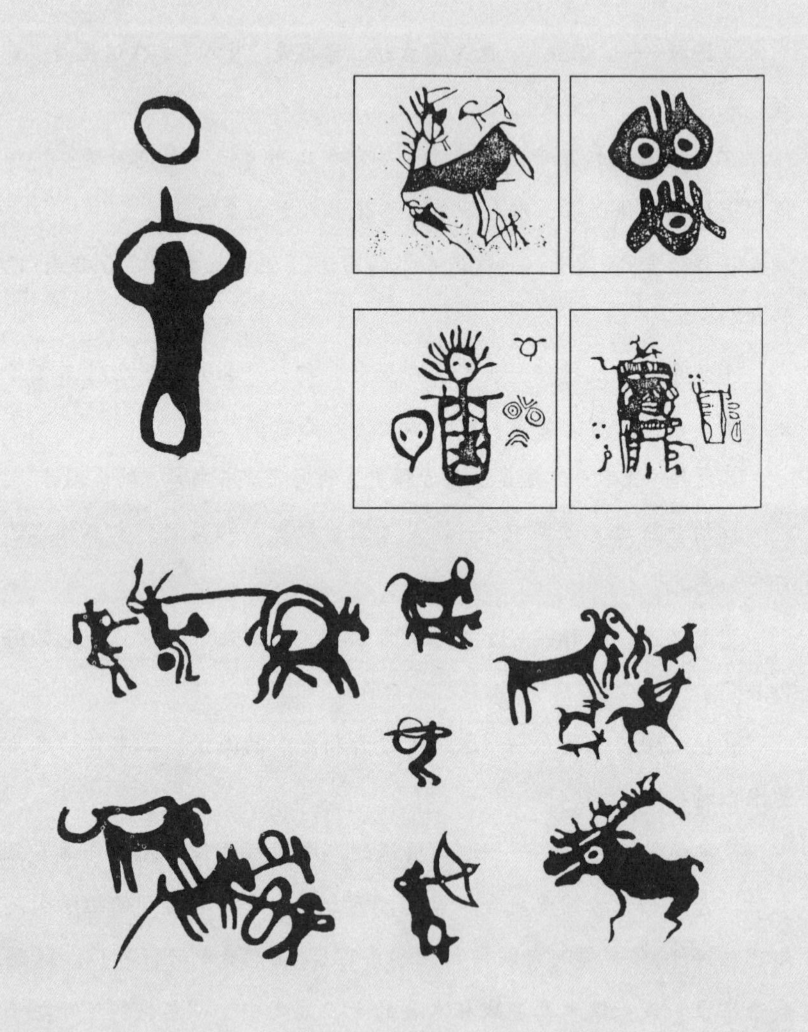

·内蒙古阴山岩画·

九类章回黄金家族简史，黄金氏族心境之愉《金轮千辐》中第二册，记叙成吉思可汗名讳及所征服的国家，即大位二十二年的业绩之叙。

·成吉思汗像·

J L Q F

与其相关的内容是：

“圣主成吉思可汗出身于何人，相貌如何，征服多少个国家，即大位后怎样扶正朝纲，复兴宗教，其后裔统辖哪些国家和地区？”

·“神马白骏”汉白玉雕塑（成吉思汗庙）·

为了回答这些问题，需要参考《无垢女接引经》一卷[①]。

自从佛祖涅槃二千三百年之后，恰合赤仙神州之地盛行胜教之际，在白海螺辅助的天尊白天恩惠下的南瞻部洲东北方，现时吉祥时代[②]的第四佛祖杰出的释迦牟尼于雄狮庚申年三月初七成为苏都达纳可汗与玛哈玛雅哈屯的儿子，在伦必花园从母亲的右胁下出生以后，过了

①《无垢女接引经》——乔吉先生注释称《污垢仙女经》。

②吉祥时代——梵语 bhadrakalpa, 蒙古文佛经称“光明噶拉巴”。

二千一百二十三年之后，在众所推尊王的黄金家族后裔、从天降生的孛儿只斤氏乞颜部也速该·巴特尔的长子成吉思可汗诞生，故成吉思可汗自称为浩尔木斯塔·腾格里（玉帝）之子。总而言之，在乞塔惕（指汉族——译者）、吐蕃特、蒙古诸多史书中，都称他为“苍天之子”，以天子之名震慑八方。

·蒙古刀·

被称为“额勒德卜”的壬午年（公元1162年），圣主苍天之子降生于世。其父亲也速该·巴特尔，遇见厄鲁特部的额儿西列都[①]的人携自己的妻子斡勒古鲁阿惕部[②]的索岱诃额仑一同赶路，预感“这位妇人所生之子将成为全体人之君主”，用计杀死额儿西列都（多数史书称额儿西列都没有被杀死，而是逃了出来）。也速该·巴特尔娶索岱诃额仑，

①厄鲁特部的额儿西列都——《蒙古秘史》等蒙古史文献作“篾儿乞部的也可赤烈都”。

②斡勒古鲁阿惕部——是本书的写法。据《蒙古秘史》记载，索岱诃额仑哈屯是斡勒忽讷惕部人。

生下了天子成吉思可汗[1]、哈布图哈撒尔[2]、哈察儿其哈出忽[3]、斡克图斡赤斤[4]四子［有的说索岱诃额仑当时所怀的儿子是别克帖儿，有的说也速该·巴特尔前妻忙合勒所生的是布和别勒古台、别克帖儿（无嗣）］，另有二子，六个儿子中，五人之后繁衍甚多。也速该·巴特尔征讨东方名叫铁木真的部落[5]，凯旋时正遇到圣主诞生，遂起名为“铁木真”（有的书称“铁木真”为黄金之意）。当长成后，到东方海边行猎，海岸上有一只非常好看的黑色鹰隼，顺时针方向绕着一块巨石飞行，鸣叫三天不走。也速该·巴特尔砸开那块巨石一看，发现一方玉玺，很高兴地把它带回，说：“这个玉玺与我儿有缘！”并把玉玺交给儿子，起名为“哈

①成吉思可汗——这不是名字，是名号。成吉思可汗名讳铁木真。

②哈布图哈撒尔——《蒙古秘史》作“合萨尔”，为科尔沁部与和硕特等部的始祖。

③哈察儿其哈出忽——《蒙古秘史》作“哈齐忽”，为翁牛特部始祖。

④斡克图斡赤斤——《蒙古秘史》作“帖睦格斡惕赤斤”，为乌济业特部始祖。

⑤名叫铁木真的部落——公元1162年，铁木真出生的时候，其父亲也速该·巴特尔出征塔塔尔部凯旋，活捉了塔塔尔部首领铁木真兀格和豁里不花二人。于是，为铭记这次战争的胜利，给新生的儿子起名为铁木真。

·阿阑豁阿雕像·

斯岱布”（有的书上称此为从天降下的玉玺）。当时，那只鹰隼飞到蒙古包的天窗上，叫“成吉思”（藏文史书称“成格尔”），遂称“成吉思可汗”。

不久，成吉思可汗娶弘吉剌惕部[①]德薛禅之女布尔特格勒津[②]彻辰为哈屯，晋升为莫吉诺颜[③]。这就是从黄金家族中降生天

①弘吉剌惕部——这是本书的写法，《蒙古秘史》作“翁吉剌惕”部。孛儿帖哈屯出生在这个部落。此部在拉施特《史集》中与豁罗剌思、亦乞烈思、斡罗忽纳惕、额勒吉根等部被合称为“金器皿所产的五部”，也就是成吉思可汗黄金家族的姻亲之家。

②布尔特格勒津——《蒙古秘史》写作“孛儿帖”，这是本书的写法。

③晋升为莫吉诺颜——《蒙古秘史》《元史》及其他有关文献均无此说法。

·成吉思汗的皇后孛儿帖·

子及铁木真得名为“成吉思”并得到“哈斯岱布”玉玺的经过。

在圣主小时候，蒙古国大部分被金朝占领。所以，圣主长大后，在金朝任莫吉诺颜。圣主渐长，体魄越发强壮，以智慧和力量威震八方，其四位弟弟如羽翎，文武超众，辅佐在他左右。首先有阿鲁剌答部的拉哈伯颜①之子曲鲁克布日吉②遇见了圣主，成为德额都那可儿③。还有脱儿干失剌④、扎尔赤兀歹老人的儿子者勒篾过来跟随了圣主。还有巴阿鄰部的豁儿赤、捏坤太子、忽秃剌可汗的儿子阿勒壇斡惕赤斤⑤、忽察儿别乞等人带领部众来跟随圣主。

阿勒壇斡惕赤斤、忽察儿别乞⑥、别乞撒察⑦等人议和之后，在壬寅年⑧（公元1182年），成吉思二十一岁之时，推举成吉思为可汗，并派遣使者通告

①拉哈伯颜——本书作“剌哈伯颜”，《蒙古秘史》作“纳忽伯颜”。

②曲鲁克布日吉——“曲鲁克”为蒙古语，意思是骏马，本书作“布日吉”，孛斡儿出是《蒙古秘史》的写法。他被称为成吉思可汗“四骏”之一，有的书上称之为“四杰”之一，右翼万户长。

③德额都那可儿——“德额都那可儿”是蒙古语，意思是上等的挚友。

④脱儿干失剌——尹湛纳希《青史演义》以及一些蒙古文历史文献均称名为如是。《蒙古秘史》则写作“锁儿可汗失剌”。蒙古速勒都孙部人，曾经救过铁木真一命，被封为“答剌可汗”。

⑤阿勒壇斡惕赤斤——这是《蒙古秘史》的写法，本书作“阿勒壇·斡齐斤”。

⑥忽察儿别乞——《蒙古秘史》作忽察儿。

⑦别乞撒察——《蒙古秘史》把薛扯别乞写成“撒察别乞”，与“薛扯别乞”不一样。这就证明了《蒙古秘史》是用维吾尔真蒙古文写成的。因为维吾尔真蒙古文字“sa”与“se”没有分别。而本书将“撒察”写成“别乞彻辰”。

⑧壬寅年——成吉思可汗二十一岁的壬寅年称汗，这应该是公元1182年。这种记载在其他文献不见。据萨囊彻辰《蒙古源流》载“成吉思可汗二十八岁的己酉年称汗”，这应该是公元1189年。蒙古史学者们称此年为“铁木真当上蒙古部合木黑·兀鲁思的汗”之年。

·成吉思汗雕像·

四方诸可汗。此后，征服了诸多篾儿乞、巴鲁剌克[①]、巴牙兀、白然[②]、秃马敦、喀喇沁、兀良合、翁吉剌惕、札剌亦儿、客列亦惕、塔塔儿、塔达哈勒津、别速惕、科尔沁、厄鲁特、乌拉特[③]、泰亦赤兀惕、乌赤格特[④]、主儿乞思[⑤]、雪你惕、哈塔斤、萨勒出特[⑥]、蒙古勒津[⑦]、珠特明安[⑧]等七十二个蒙古部落，成为众多部落之主，实力大增。

二十八岁时，他率兵征服了乌喇河[⑨]沿岸的三万主

①巴鲁剌克——《蒙古秘史》作巴鲁剌思部。

②白然——这是本书的写法，《蒙古秘史》作“巴阿邻”。

③科尔沁、厄鲁特、乌拉特——科尔沁与厄鲁特当时尚未形成部落，乌拉特作兀鲁兀惕。

④乌赤格特——这是乌济业特的另一种写法。

⑤主儿乞思——蒙古主儿勤部的另一种写法。

⑥萨勒出特——蒙古萨勒只兀惕部的另一种写法。

⑦蒙古勒津——当时尚未形成蒙古勒津这个部落。

⑧珠特明安——“珠特”为“乣惕”的谐音，乣惕军是以契丹、女真人组成的军队。

⑨乌喇河——松花江的古称。

儿扯惕[1]的旺春可汗[2]。二十一岁时，欲征服莎朗合思国的布花察干汗，大军行至乌讷根木涟（河名）时，洪水泛滥，挡住了去路。圣主驻兵河边，派遣使臣渡河，叫布花察干汗“缴贡”。布花察干汗说：“哪儿来的人，说如此大话？”派遣使者察看。得知圣主威风过人，军队强盛，国民丰硕，是时代之主，国之大将，天之骄子。于是将自己名叫忽兰的女儿作为两国媵人，送到布花苏朗嘎的乌孙乌拉岩，纳贡称 “圣主”。

圣主纳忽兰[3]姑娘为妃子，在那里住了三年。索岱孛儿帖哈屯叫忽特齐[4]阿尔噶聪豁尔齐[5]前去向圣主问安说：“未知你蒙古国的内情。”圣主立即回朝。

而后，将南乞塔特金朝的宗王汗赶出城外，征服了乞塔特王朝，因而被称为“太祖承天启运圣武皇帝博格达成吉思可汗”。（征服乞塔特的详情，参阅《大

①主儿扯惕——“女真”的蒙古文写法。

②旺春可汗——金章宗皇帝的蒙古称谓。

③忽兰——成吉思可汗的四大哈屯之一。《蒙古秘史》称其为“豁阿思篾儿乞部的主子答亦儿兀孙之女儿”。尹湛纳希《青史演义》及本书等蒙古文文献称其为“莎朗合思国的布花察干汗之女儿”。“莎朗合思”不是高丽或朝鲜，而是“索伦巴尔虎”的索伦之复述形式。

④忽特齐——蒙古语“近侍”的意思。

⑤阿尔噶聪豁尔齐——有写作“阿日忽孙·胡尔其”。《蒙古秘史》没有记载这段。

元国史》）

派遣近侍刘仲禄、太师阿剌辛[1]等人前去，邀请号称长春子、名叫丘处机[2]的道士及其十八位贤惠弟子。在雪山之阳接见他们，问及“治国安民之道”，听到他的答复，很赞赏，尊奉为“帖卜腾格里”，敬为师尊（据说这位道士就是将唐僧与孙悟空的事迹编成故事的人）[3]。

之后，征伐萨尔塔兀勒国[4]的扎兰丁·速勒坛可汗[5]。生擒速勒坛可汗，占领了黄萨尔塔兀勒国的五个

金轮千辐

①近侍刘仲禄——此人姓刘名文，字仲禄，曾经制造鸣镝，得到了成吉思可汗的宠爱。是他向成吉思可汗介绍丘处机说：“丘公修炼三百年，得到了长生不老之法……”成吉思可汗遂派他去请丘处机。太师阿剌辛，这里指的是阿尔山。

②丘处机——中原道教全真派的首领。生于山东登州栖霞县。成吉思可汗于己卯（公元 1219 年）年派刘仲禄等前去请他。次年，丘处机到达撒马尔干接受成吉思可汗的询问。成吉思可汗称赞他的诚实，封他为“扎阿林”。丘处机的弟子将成吉思可汗赐封的蒙古孛额教专司天使之职的“扎阿林”一词误记成“真人”。从此，丘处机有了“长春真人”的道号。

③这里称丘处机为《西游记》的作者，值得探讨。

④萨尔塔兀勒——蒙古文文献泛称尊奉伊斯兰教的人们为萨尔塔兀勒。有时专指花剌子模国。

⑤扎兰丁·速勒坛——是指花剌子模国阿剌瓦丁马哈牟速勒坛之子只剌勒·阿的·丁。

省。将一名叫伯颜的伊萨沙剌人，作为近侍。撒儿塔兀勒人尊奉圣主为“成吉思·额真”。又征讨托克玛克国的速勒坛忙古拉可汗，并将其活捉，占领了托克玛克的诸多地方。

之后，征服了客列亦惕部的王汗[①]。之后，征服了乃蛮部的塔阳可汗[②]。之后，征服了豁罗剌孙部[③]的纳邻可汗。

四十二岁时，哈儿里克部的阿儿思阑可汗[④]领兵前来迎战，圣主生擒他，征服其国家。之后，举兵征讨

---

①客列亦惕部的王汗——名脱兀邻勒。本书作“客列亦惕国的穹王”。

②乃蛮部的塔阳可汗——名拜不花。本书作“乃蛮部的太那汗”。

③豁罗剌孙部——当今科尔沁左翼二部之一郭尔罗斯部的古称。

④哈儿里克部的阿儿思阑可汗——哈尔里克部，《蒙古秘史》作“哈尔鲁兀惕”，驻于巴尔喀什湖东海地区。其可汗阿儿思阑投降成吉思可汗是公元1211年的事情。

西方吐蕃特的古鲁格多尔济可汗[①]。吐蕃特可汗闻讯，便立即派遣以亦鲁忽为首的多人组成使节团，前来纳钦柴达木之地迎接，尊奉成吉思可汗为“索多额真”[②]，并表示同意纳贡称臣。圣主成吉思可汗恩准并予以重赏，并叫亦鲁忽作为使者，赐予书信训言说：“察喇·鲁

·成吉思汗陵宫·

匝瓦·阿南达·卡尔必喇嘛[③]，本想邀请你来做我的国师。可我俗世之务尚未完满，所以，我在这里祈祷，你从那边佑护我！”初立扶持佛教之道。有的书上说，在淄城北边建起了震海寺。这次，征服了从阿里四部[④]以下吐蕃特三个省。

之后，征伐到达额讷特克边界的秦达阿里克岭[⑤]之时，有一只名叫蓖犀茹顶生独角灵兽[⑥]来到圣主前，屈膝跪拜三次。圣主道：“这额讷特克金刚之地，是上古释迦牟尼佛尊降生之地。这是天尊所劝谏乎？！”遂班师回朝。

①吐蕃特的古鲁格多尔济可汗——成吉思可汗生前没有征伐过吐蕃特。这种说法只有蒙古文文献偶见。古鲁格，可能是藏传佛教格鲁宗的误解。如果是这样的话，更是谬误了。因为格鲁宗形成于14世纪下半叶，怎么能出现在此处。

②索多额真——蒙古语，意思是“圣主”或“英明的主子”。

③察喇·鲁匝瓦·阿南达·卡尔必喇嘛——据蒙古文文献记载，成吉思可汗曾经邀请过名叫贡嘎宁波（公元1092—1158年）的喇嘛到蒙古来，但是这位喇嘛在成吉思可汗出生前已经去世。其他类似的记载未曾见过。

④阿里四部——本书作“玛帕·里斯”，吐蕃特语作“Mwa ris”，汉文文献作“阿里”。

⑤秦达阿里克岭——《蒙古源流》作“奇特噶壤岭”，《水晶鉴》作“铁门关”。

⑥名叫蓖犀茹顶生独角灵兽——《青史演义》作“必力克图 古如格孙”。这一传说在《元史·本纪第一·太祖》里称：“十九年甲申夏……帝至东额讷特克国，角端见，班师。”《元史·列传第三十三·耶律楚材》有详解。成吉思可汗班师回国之事，似乎与耶律楚材有关。

之后，在白南河[①]边与萨尔塔黑臣阿巴海可汗[②]麾下的三万大军交战，征服了他们。

承天之命，将世界的十二位可汗[③]中多数收复于自

·成吉思汗陵门牌楼·

己政权下，分别由骏马般的九乌儿鲁克[④]，也坤、阿拉坦为首的五太师[⑤]，速别额台、吉鲁格台为首的十巴特尔[⑥]，别乞、豁娃为首的八薛赤诺颜[⑦]，赤老温、豁儿赤为首的八十个先锋[⑧]去征服了泰亦赤兀惕、卫拉特、乌审、哈剌车力克、撒勒只兀惕、哈儿努惕、哈勒吐惕、斡亦勒斤、俄罗斯、必特兀惕、吉鲁格惕、弥纳克、三屋荣嘎以及遥远的独脚俎达国[⑨]、女儿国[⑩]等异族诸

①白南河——《蒙古源流》称“贝加尔湖”。

②萨尔塔黑臣阿巴海可汗——“萨尔塔黑”“萨尔塔兀勒”“萨尔塔黑臣”“萨尔塔黑岱”“萨尔塔哇吉”均与崇捧伊斯兰教的国家和民族有关。“萨尔塔”是蒙古语，意思是“崇尚月亮的人”，这是

伊斯兰教徒们的标志。详见额尔德木图《阿拉伯文化与蒙古文化的融合》发表在《内蒙古师范大学学报》1995年第三期蒙古文版。阿巴海可汗，《大黄册》和《蒙古源流》称其为“俺巴孩可汗”。

③十二位可汗——《黄金史》称“十二位恶可汗”，泛指成吉思可汗所征服的国家或部族之主。

④九乌儿鲁克——《蒙古秘史》与《史集》中没有这种说法。《黄金史》载：“作为圣主朝政靠山般的九位大臣之首是扎剌亦儿氏国王木华黎、女真氏绰墨尔根、阿鲁剌惕氏孛斡儿出、速乐坛氏锁儿可汗失剌、兀良哈氏者勒蔑、别速惕氏哲别、斡亦剌惕氏哈剌乞如、吉如很氏孛罗特兀勒、塔塔尔氏失吉忽图忽，这些为九位大臣。”

⑤五太师——也坤、阿拉坦为首的五太师，唯本书所载。也坤，可能是速格黑者温或也速该巴阿秃儿之兄捏坤太师。

⑥速别额台、吉鲁格台为首的十巴特尔——速别额台为成吉思可汗四狗（四先锋）之一之外，别的书未曾说过“十巴阿秃儿”。吉鲁格台这个人在《蒙古秘史》上未见。

⑦别乞、豁娃为首的八薛赤诺颜——别的书未曾出现此说法。

⑧赤老温、豁儿赤为首的八十个先锋——别的书未曾出现此说法，指的是否是《蒙古秘史》所称的“八十个宿卫”，待考察。

⑨遥远的独脚俎达国——《黄金史》记载“九色国”时称“斑脚独脚国”。《山海经》第三卷《海外北经》载《柔利国》称：“柔利国在一目东，为人一手一足，反膝，曲足居上。一云留利之国，人足反折。”

⑩女儿国——《黄金史》记载“九色国”中称“女儿国人绿色”。《山海经》第二卷《海外西经》载：“女子国在巫咸北，两女子居，水周之。一曰居一门中。”元朝周致中撰写的《异域志》称：“女人国。”还有《博物志》《梁书·东夷传》《西域记》均有奇异记载。

多国邦。并向他们分别派兵遣使，下令说：

“大业已成，你们各自管理好各自的属民及领地！

·皮囊·

我们大家（一起）享福吧！”力转世轮，征服察哈尔①、土默特②、卫拉特③、客列亦惕④为首的七十二鄂托克部落蒙古⑤；钦察⑥、额讷特克、唐兀惕⑦、吐蕃特、乞塔惕⑧、主儿扯惕⑨、巴剌布⑩、必特古惕⑪、罗马、三屋荣嘎、

①察哈尔——当时的文献记载未曾出现“察哈尔”这个部落名称。这个部落是在蒙古北元达延可汗巴图孟和将属辖民众划分成的六个土棉之后出现的中心万户，也就是大可汗直属土棉。

②土默特——这是后来出现的写法，《蒙古秘史》作“秃马惕”部，

属于林木种百姓之一部。这个部落是在蒙古北元达延可汗巴图孟和将属辖民众划分成的六个土棉之后出现的中心万户，属于右翼万户之一。

③卫拉特——《蒙古秘史》作“斡亦喇惕”；《明史》作“瓦剌”。蒙古北元时期被称为“都钦·杜尔边”，“都钦”为大可汗直属，“杜尔边”为“瓦剌”，是今新疆地区蒙古族主体。

④客列亦惕——《元史》作“克烈部”，为蒙古古老的部落之一，属于突厥蒙古部落之一，他们的宗教信仰不是蒙古萨满，而是基督教的一个分支叫聂斯托里教。被称为突厥蒙古部落的是乃蛮部、汪古部和这个客列亦惕部。

⑤七十二鄂托克部落蒙古——这也是后来形成的称呼，当时的文献没有出现这种称呼。

⑥钦察——本书作“很察”，正音为“hibcak”，汉文作“钦察”，为古代俄罗斯地区的一个蒙古部落，即后来的“阿速特”——喀喇沁部的前身。

⑦唐兀惕——建立北魏王朝的拓跋鲜卑的分支，有的文献称“党项羌的后裔”。唐兀惕本为蒙古语“已成为唐朝的人”的意思。新疆、青海等地蒙古人称西藏吐蕃特人为“唐兀惕人”。

⑧乞塔惕——蒙古人当初对建立辽朝的契丹人之称呼，如今是对汉族人的称呼，意思为“契丹”的复数。

⑨主儿扯惕——蒙古人当初对建立金朝的女真人的称呼。这个名称来自于居住在大小兴安岭一带的专营猎杀一种叫“麈”的部族的称谓。也就是“女真”的古代读法“zhurqin”的复数形式。

⑩巴剌布——蒙古人对古代尼泊尔的称呼。

⑪必特古惕——蒙古人对中国北方古老的“北狄”人的称呼。其变化是从“狄”“狄狸”“丁零”“铁勒”“敕勒”“疏勒”“高车”“突厥”的过程。其中“高车”是意译的汉语。

回回[1]为首的三十一个外夷；西拉尼郭勒、莎朗古惕[2]、于直[3]、竹温为首的八个乞哈[4]；尊达国[5]、女儿国[6]、胸目国[7]、狗头国[8]别类四国，享受了人间幸福。

之后，圣主四十五岁的丙寅年冬末月[9]，在斡难河之源竖九斿白纛[10]，即可汗位，建立了自己的大蒙古国。

将大蒙古国划分为五色四夷，以四十万库克蒙

---

①回回——本书作“回子豁通”，是蒙古人对古代回族的称谓。

②莎朗古惕——为蒙古语“solonggot”的音译，指的是当今“索伦”人。

③于直——本书的写法，应该为“女真”的错别字。

④乞哈——为蒙古语“察哈”的别字，意思是边缘或近处。

⑤尊达国——汉文文献称“俎达国”。

⑥女儿国——见53页⑩注释。

⑦胸目国——本书称“胸目国或称无首国”。

⑧狗头国——可能指的是大元时代周致中撰写的《异域志》中所载的“狗国”，也就是彭大雅《黑鞑事略》中提到的“那海耶律干”。

⑨丙寅年冬末月——丙寅年为公元1206年。“冬月末”的说法不多见。从蒙古人生活习俗和牲畜的肥膘情况看，这一说法是正确的。

⑩九斿白纛——古代蒙古人崇尚九数为本位数值最大，也崇尚白色为一切洁净的原本。所以，立九旌白纛来表示大蒙古国的诞生。

古[1]大国为中心；东方察汗莎朗合思[2]、莎朗哈思吉鲁格特二国（有人称索儿必思）；南方乌兰乞塔惕[3]、必特衮二国；西方哈剌唐兀惕（又称吐蕃特）[4]、塔什克[5]二国；北方沙剌萨尔塔兀勒[6]、托克玛克二国。有的书上则称，东南客列亦惕、西南巴剌布、西北必特古惕、东北塔什克为四夷。

---

①四十万库克蒙古——“四十万蒙古”是元朝之后的说法。“库克”为蓝色，蒙古人俗有用“库克蒙古”来表示自己。意思是蒙古人像蓝蓝的天空那样，永不褪色。这是“五色四夷”之说的开头，也就是以蓝色蒙古为中心的乞塔惕、唐兀惕、萨尔塔兀勒、莎朗合思五色人。

②东方察汗莎朗合思——这里出现的“莎朗合思”指的是高丽（朝鲜），因为高丽人喜爱洁净，常穿白色衣物，并且位于蒙古的东方，所以，蒙古人称他们为“东方白色莎朗合思”。

③南方乌兰乞塔惕——“乞塔惕”指的是汉人，汉人俗有“华人”或“赤县神州”的自称，而且汉人位于蒙古的南方，所以，蒙古人称他们为“南方乌兰乞塔惕”，意思是“红色的汉族人”。

④西方哈剌唐兀惕——“唐兀惕”指的是唐朝时期进入中原地区的北方人，“哈剌”，意思是“黑色”或“大”，预示唐兀惕人爱穿黑色衣物。而且，被称为唐兀惕的包括吐蕃特人，位于蒙古的西方，所以，称他们为“西方哈剌唐兀惕”。

⑤塔什克——塔什克为“塔吉克”的异写，泛指的是中亚、西亚人。

⑥北方沙剌萨尔塔兀勒——“沙剌”为黄色。“萨尔塔兀勒”指的是花剌子模国为中心的信仰伊斯兰教的人们。

大斡儿朵[1]布尔特格勒津哈屯所生大台吉拙赤、亲王察合台、洪台吉[2]窝阔台、幼子台吉拖雷。

右斡儿朵[3]小哈屯忽兰所生吉鲁根。

·欧洲人画笔下1868年的叶尔羌城·

左斡儿朵[4]塔塔尔部失如[5]的女儿吉苏该[6]、吉苏坛[7]二哈屯中的吉苏该所生主儿赤[8]，吉苏坛所生主儿赤歹。

命七子中的大台吉拙赤镇守托克玛克国[9]；

命亲王察合台镇守白帽子回回国[10]；

命幼子台吉拖雷守护本土。

①大斡儿朵——指的是成吉思可汗原配孛儿帖哈屯（蒙古文文献称布尔特格勒津哈屯）。

②洪台吉——这里出现的“大台吉”“洪太吉”“台吉”等称呼来源于汉族的“太子”。在汉族朝廷来说“太子”是由皇上指定的皇位继承人，可是到蒙古汗廷，“台吉”就出现了贬值，泛指成吉思可汗黄金家族的所有成员。这是一种文化现象，可以说草原文化与农耕文化的差别。“台吉”与“哈喇出”的出现，应该是蒙古北元达延可汗巴图孟和的政治改革的产物。本书此处的“大台吉”指的是成吉思可汗长子拙赤，“洪台吉”指的是成吉思可汗汗位的继承人窝阔台可汗，所以称其为“皇太子”。“台吉”指的是成吉思可汗幼子拖雷。

③右斡儿朵——指的是西宫忽兰哈屯。忽兰是蔑儿乞惕部兀瓦斯氏答亦儿兀孙的女儿。可是蒙古文文献多数称其为“莎朗合惕”——索伦部人。以此看来，当今的索伦部可能是蔑儿乞惕部的后裔。称“大斡儿朵”“右斡儿朵”“左斡儿朵”这种分法是后人所为，成吉思可汗时期并没有这种分法。

④左斡儿朵——指的是东宫也遂和也速干姐妹二人。她们是塔塔尔部也客扯连的女儿。

⑤塔塔尔部失如——《蒙古秘史》将此人名写作“塔塔尔部也可扯连”。

⑥吉苏该——《蒙古秘史》将此人写作“也遂”。

⑦吉苏坛——《蒙古秘史》将此人写作“也速干”。

⑧主儿赤——本书将此人写作“昭儿察”。

⑨托克玛克国——蒙古文文献对钦察汗国的称呼。

⑩白帽子回回国——蒙古文文献对阿富汗国的称呼。阿富汗，是蒙古语，意思是“叔父可汗”，是窝阔台可汗的后裔对察合台后裔的称呼。

将科尔沁、老斯沁、明安[①]等十鄂托克分封给次弟合撒儿。将兀麦、希古僧格[②]等鄂托克分封给三弟别勒古台。将翁牛特、格格台、巴勒出台、哈剌彻力克[③]等鄂托克分封给四弟合赤兀[④]。将客列亦惕、哈拉哈、蒙、

·蒙古族银碗·

忙豁勒真[⑤]等鄂托克分封给五弟斡珠浑[⑥]。

对九乌儿鲁克、五太师为首的建国效力者，分别授予莫吉诺颜、鄂托克之主[⑦]、万户长、千户长、百户长。根据他们功劳的大与小、为人的好与坏，分别授予不同尊称和进行轻重不同的赏赐。

当时，圣主没有提到人中豪杰曲鲁克孛兀儿出[⑧]。夜晚入睡前，布尔特格勒津哈屯[⑨]提醒圣主说："当你孤独无援的时候，寸步不离地跟随你，出力最多的不是孛兀儿出吗？为什么这么大的赏赐没有提及他？"

①科尔沁、老斯沁、明安——科尔沁、老斯沁、明安这些名称在蒙古汗国时期尚未成为部落名称，而是兵种称谓。后来，由于蒙古社会的军事制度特点，这些兵种名称成了一定部落的名称。

②兀麦、希古僧格——这些鄂托克在蒙古汗国时期尚未形成，均为后来形成的鄂托克。别勒古台的属民是如今的阿巴哈纳尔、阿巴嘎等部落。

③翁牛特、格格台、巴勒出台、哈剌彻力克——据很多蒙古文文献记载，成吉思可汗四弟合赤兀的属民是如今的翁牛特部。巴勒出台，有的书称“巴勒其如惕”。唯有“格格台”这个鄂托克不多见。

④合赤兀——《蒙古秘史》作哈赤温。因为此人英年早逝，分得的属民最少。

⑤客列亦惕、哈拉哈、蒙、忙豁勒真——其中除客列亦惕部以外，只有“蒙”这个部落兴许是古老的，其余的哈拉哈、忙豁勒真都是其后形成的部落。

⑥五弟斡珠浑——这里把别勒古台当成成吉思可汗的三弟，所以，这里出现了“四弟”“五弟”的说法。本书称斡惕赤斤为“斡珠浑”。看来“斡惕赤斤”这个词演变成了当今的“敖特根”——指“幼子”之外，还演绎出表示“微小”或者“渺小”的形容词。

⑦莫吉诺颜、鄂托克之主——成吉思可汗分封的当初没有这些封号，为后人所加。

⑧孛兀儿出——这是《蒙古秘史》的写法。本书作“宝忽尔吉”或“布尔吉”。

⑨布尔特格勒津彻辰哈屯——《蒙古秘史》作“孛儿帖哈屯”。

圣主说：“我不是没有想到，而是为了向众多的乌儿鲁克诸诺颜显示孛兀儿出的高尚品德才这么做的。”

·苏鲁锭·

金轮千辐

遂使近侍莫沁去窥听孛兀儿出家。

孛兀儿出妻子特古斯根豁阿对丈夫说：

“成就大业之前你跟随了他，

辛苦奔波收拢了大众

扶持建立庞大的国家

对他的事业你出力比谁都大！

把父母妻儿抛在身后

一心为可汗未曾回头

如今重大赏赐却为什么没有你？”

孛兀儿出回答：

“平庸的女人

缰绳短心胸窄！
可汗的事业成功
就是我的幸福！
我的成功
也就是你的幸福！
为钱财我不动心
为事业我要拼命！
急着怨恨有何益？
今不赏赐啊
定惠及子孙！”

·香炉·

近侍莫沁窥听到这些话，回到圣主与哈屯身边一一学说。圣主高兴地说：“孛兀儿出从来一心一意，忠心耿耿！”。第二天早晨，圣主对众臣通告了孛兀儿出和特古斯根豁阿的对话，赞扬说：

“无论成功或危机之时
一心扶持着我
艰难困苦之际领先出力，
心胸坦诚的是我的孛兀儿出！”

并对大家说：“众多乌儿鲁克诺颜，你们不要嫉妒他！”遂封孛兀儿出为“内辅佐朝迁，外镇守九省”①！赐封为镇守九省的大诺颜。赐封特古斯根豁阿“太福晋”②称号，并给予重赏。之后，圣主教诲道：

“受可汗的宠爱
切不可过分！
铭记自己是平民
时刻检讨自己！
恪守各自的职责
不要懒惰骄横！

---

①镇守九省——在成吉思可汗时期，尚未启用行省制。行省制是由忽必烈薛禅汗启用的。

②太福晋——在成吉思可汗时期，这种封号尚未启用。至于“兀真”一称号，众说不一。有的说是汉语“福晋”的谐音，还有的学者持不同意见。

对朋友忠信爱护
互助互爱不可懈！
对敌人毫不留情
时刻准备弓和箭！
对属下宽宏仁慈
智慧理智是挚友！
不要听信奸佞言
小心误事误大功！
放弃骄横与奢侈
忌讳凌辱与霸道！
不要嫉妒那些出大力的功臣

·斡难河　蒙古部族的发祥地，1206 年成吉思汗在此即位·

谦心学习他们的能力学识！
放宽心胸勤奋斗
时常劝告提醒我！”

之后，震慑暴戾，扶助善良，惩罚忤逆，平安和谐地治理国家二十二年。理正朝纲，先后征服远近四十余个国家。

有一天，下令道：“先降后叛的弥纳克国（唐兀惕），如今征服他们的时候到了！要去掳掠失都忽儿可汗，整顿大军准备出发！我的吉鲁克台！”遂从斡难河源头整装出发。

·元代时的铁箭头·

圣主围困失都忽儿可汗的图木尔克[①]巴拉哈荪[②]，活捉了他。六十六岁那年圣人施以升天之道。圣主于镇服一切的丁亥年[③]冬末月归天[④]。

有的书称七月十二日升天。原因是圣主纳古尔伯勒津豁阿哈屯为妾，她用指甲暗伤了圣主，导致了升天[⑤]（至于圣主升天的地方，称弥纳克国图日莫该巴

①图木尔克——其他蒙古文文献称“图尔摩该”，蒙古人称银川城为此名，又称兀罗盖城。

②巴拉哈苏——古代蒙古语称城市为“巴拉哈苏”或“巴里克”。比如称大都为“汗八里”。

③丁亥年——公元1227年为丁亥年。

④冬月末——很多文献称农历七月或八月；本书的说法又是独树一帜。

⑤成吉思可汗征唐兀惕（西夏）的原因，本书记载比较合乎诸重要文献的记载。有些蒙古文文献却把此事说成是“成吉思可汗因听塔塔尔部雅布阿的挑唆，欲娶失都尔忽可汗娇媚的哈屯古尔伯勒津豁阿”而被其暗害而死……这种说法主要来源于当今黄河之蒙古名称的改变。成吉思可汗征西夏之前，黄河蒙古名字是“哈剌木连”，意思是大江。自成吉思可汗征西夏之后，这条河就改名为“哈屯郭勒”，意思是“皇后的江”，亦可译作“母亲的河”。这样一来，富有想象力的蒙古人想象出一个“哈屯”来了，那就是“失都忽儿可汗的古尔伯勒津豁阿哈屯”。实际上这是个虚构的人。历史上根本没有此人。当时的西夏国的创始者唐兀惕人，入主中原已经过数百年，其皇帝也已经更迭了十多位。他们的语言文字基本上已经汉化了，哪来的“古尔伯勒津豁阿”这样蒙古名字的哈屯呢？有学者认为“此人是乃蛮部塔阳可汗的古儿别速哈屯之影子”，这种猜测不无道理。成吉思可汗征西夏，都是顺河套地区挺进的，而河套地区的方言发“河”为“哈”，把“河套”发音为“ha tao”，蒙古人的游牧文化是个开放的文化，轻易不改变异己文化的原本，所以称河套为“ha tao gool”，慢慢演变成了“hataon gool”——哈屯郭勒。另一方面，据《元史》记载，成吉思可汗薨于西夏国王李睍之前。所以，那些蒙古文历史书籍所记载的“古尔伯勒津豁阿哈屯害死成吉思可汗”之说纯属虚构。

拉哈苏。有的称鲁察板山[1]；有的称贺兰野驴之乡，似译鲁丘板山之名）。他具有天之骄子、铁木真、哈斯岱布、成吉思博格达、太祖、承天启运圣武皇帝、苏图、人之额尔和图、大汗、力转世轮、圣主等十余种称号。还有人称人之额尔和图、也速该·巴特尔的铁木真、腾格里天尊的哈斯岱布、神鸟之声成吉思、白莎郎合思国（高丽国——译者）的博格达、红乞塔惕国太祖承天启运圣武皇帝、黑吐蕃特的苏图额尔克图、黄萨尔塔兀勒的成吉思可汗、青蒙古的大可汗、全五色四夷之天或天骄，

·元代的三足铁锅·

①鲁察板山或鲁丘板山——都是古代蒙古人对六盘山的叫法。

当今所有明哲称其为力转世轮者等很多的称号。

圣主留下遗嘱称：

“如今放弃金质的性命

要对心爱的彻辰索岱[1]

最早跟随的安答孛兀儿出

留下我将来的遗嘱！

骏马般的四位弟弟

亲密无间的四个儿子

靠山般的诸乌儿鲁克

仓廪般的大蒙古国

排列下跪的五色属民

诚实真挚的四夷大众

雪你惕的吉鲁根巴特尔[2]

你要替我传达遗嘱！

玉石没有无限的光华

人生自古没有长生

坚硬钢铁也被熔化

大众的可汗我将归天！

成就百业者为人之精华

---

①彻辰索岱——“彻辰”为蒙古语，意思是聪慧；“索岱”也是蒙古语，意思是有福的。

②雪你惕的吉鲁根巴特尔——此人在《蒙古秘史》上没有出现。雪你惕为如今的苏尼特部，为锡林郭勒盟的苏尼特左右二旗。

履行诺言者为心意牢固
克制自己与友和睦
有生必死唯守社稷！
自古人生无永恒
万事之源为执着
社稷要以臣为重
各自努力莫回头！
爱护国家莫分心
惩治恶人要谨慎
忽必烈出言不凡
对未来有大益
大家日后要听从他的话！”

听到这些训导，雪你惕万户的万户长吉鲁格巴特尔回禀说：

“为您保护玉石般的社稷
一心遵奉您的布尔特格勒津哈屯
众臣中推举您的执友孛兀儿出
时刻提醒合撒儿与别勒古台！

·诃额仑与孛儿帖·

为您雄伟的国家前仆后继
辅助窝阔台与拖雷两位太子
将您的遗嘱传达给所有的属民
并转告您众多的乌儿鲁克那可儿！
唯恐您宝山般的社稷夭折了
唯恐您额尔克彻辰索岱[①]孤独了
唯恐您治理的国家分散了
唯恐您斡惕赤斤[②]、哈赤温[③]二弟还太小！
您用神灵守护宝玉般社稷
您用神明安慰布尔特格勒津哈屯
以您的威严折服众多属民
以您的法令惩治不轨之徒！”接着，以悲凉的语调说道：

“如鲲鹏般飞走了，我的可汗
而成了勒勒车的重载；
如雄狮般跳跃过了，我的可汗
而成了大轮车的重载；

---

①额尔克彻辰索岱——蒙古语，意思是“权威聪慧有福的”，指的是孛儿帖哈屯。

②斡惕赤斤——本书作“斡珠浑”，指的是成吉思可汗幼弟帖睦格斡惕赤斤。

③哈赤温——本书作“哈出忽”，指的是成吉思可汗三弟哈赤温。他早年英逝，此时已不在世。

承长生天之命降生的
大蒙古国的圣主您
如今撇下诸哈屯与子孙
回到了天上，我的圣主！
如今我们将您送回到
您所建立的大蒙古国
此生相遇的妻儿子孙
生育您的大地山河！
将您宝玉般的遗体
送给您哈屯及兄弟子孙
送给您亲密安答孛兀儿出与木华黎[1]
送给您广袤的祖国！”

这样，把成吉思可汗的黄金尸骸从弥纳克国请到斡难河源头大金帐里（有的书上记载说，成吉思可汗的遗体安葬在不而可汗合勒敦山；有的书上记载说，安葬在也克斡托克之地）。之后，建造大苏勒定[2]，以

---

①木华黎——札剌亦儿氏人，成吉思可汗“四杰”之一，左翼万户之长。于1218年被成吉思可汗封为国王，带领大军征讨金国。到1223年，在征金战场上病逝。所以，当成吉思可汗薨逝之时，他已不在人世。

②苏勒定——“苏勒定”是蒙古语，意思是神旗或徽标的意思。本为三叉戟，以其缨穗之色分辨。黑缨穗者为战争之苏勒定；白缨穗者为政府苏勒定；黑白混色者，有人说是合撒儿的苏勒定，有人说不是他的，而是成吉思可汗的苏勒定。

备诸汗宰桑们祭拜。从此，出现了祭祀圣主的八白室。（有人称，八白室是忽必烈可汗所建；如今在鄂尔多斯国[①]；威仪凛然，六札萨克共同供奉），本来圣主共有七个儿子，可很多蒙古史书籍没有记载吉鲁根、主儿赤、主儿赤歹三人[②]。今后，应该把他们记载为好。

·鼻烟壶·

本章记述了圣主被称为铁木真、成吉思、哈斯岱布等和征服内外诸多部族，即可汗位平定诸国，以及可汗逝世三部分。这就是成吉思可汗建国，知政二十二年的历史。

①鄂尔多斯国——这里出现的“国”，是蒙古北元末期蒙古朝廷中央集权瓦解时期出现的习惯说法。16世纪中末期，土默特部阿勒坦汗请黄教领袖索南嘉措来蒙古，封其为“圣识一切瓦齐尔达喇达赖喇嘛”，并借其神位，阿勒坦汗封自己为“转金千轮咋卡拉瓦尔地彻辰可汗”。从此，蒙古六万户纷纷从黄教领袖讨得“可汗”封号，出现了诸多“可汗”。而相对形成了六个“乌鲁思”，即“国”的说法。

②本书记载，忽兰所生吉鲁根。塔塔儿部失如的女儿吉苏该、吉苏坛二哈屯中的吉苏该所生主儿赤，吉苏坛所生主儿赤歹。

·内蒙古阴山岩画·

第三册

九类章回黄金家族简史，黄金氏族心境之愉《金轮千辐》中第三册，记成吉思可汗的继承人拙赤、察合台[1]及窝阔台和拖雷到顺帝可汗[2]等的大元十六位

·窝阔台·

①拙赤、察合台——成吉思可汗的长子和次子。本书有作“照辞”和“萨嘎台”。拙赤被分封到俄罗斯钦察汗国。察合台被分封到如今的阿富汗。

②顺帝可汗——这里指的是元惠宗妥懽帖睦尔。“顺帝”是明太祖朱元璋追封的。因为，明军接近大元首都大都城之际，元惠宗携皇后、太子及一部分重臣，没有进行反抗而撤离了大都，为此，朱元璋封他为“顺帝”，相对于蒙古文文献上的“失都忽儿可汗”。

可汗与昭宗必力克图可汗到林丹可汗独裁北元王朝的二十位可汗如何执政，辅佐政教。

且说在诸多史书中如何记载圣主成吉思可汗之后，统辖全乞塔特及蒙古的十六位可汗及统摄北元的二十位可汗大力推行“政教并行”[①]政策的具体情况。

四台吉拖雷摄政一年[②]。

大台吉拙赤[③]尊圣主旨意，为托克玛克国做可汗。拙赤的儿子脱兀合[④]可汗，其子苏勒德可汗，其后裔诸诺颜均被称为莎勒坛，与如今的台吉一样，是一种尊称。

苏勒德[⑤]的儿子巴特尔可汗[⑥]，其子叫江格儿可汗[⑦]，其子哈萨克可汗[⑧]，其后裔名字不详。他们统辖阿克萨

·《元世祖出猎图》局部·

①政教并行——很多蒙古文文献称蒙古汗廷是“政教并行”。实际上蒙古汗廷实施的不是“政教并行”政策，而是典型的政治宗教制，即政教并行制度，可汗不仅是政治首脑，还是宗教领袖。这个口号的提出，是掌握国家宣传大权的宗教人士所为，意图是进一步提高宗教的地位。

②拖雷摄政一年——成吉思可汗薨逝后的一年，即公元1228年是拖雷摄政。

③拙赤——关于他的身世，诸多历史文献跟随拉施特《史集》所载，持“客人般而起名为拙赤”的观点。可是据《蒙古秘史》载，铁木真向札木合求救之时称：“我的妻儿被蔑儿乞惕人掳掠而去”。据此，可以断定，被蔑儿乞惕掳掠之时，孛儿帖哈屯正抱着刚生下不久的拙赤。“拙赤”是蒙古语，意思是“分析和演绎而预知事情的规律”之“ju chi”。因古代蒙古人视被敌人俘获为最可耻，察合台以此攻击拙赤“没有资格继承可汗之位”。

④脱兀合——关于此人的消息，除本书外，只有蒙古文文献《大黄册》有记载。

⑤苏勒德——官布扎布《恒河之流》称：“（拙赤）之子叫苏勒坦，与蒙古的台吉相同。”苏勒坦是萨尔塔兀勒地区首领之号。《大黄册》称：“拙赤之子脱兀合可汗，其子苏勒坦可汗”。

⑥巴特尔可汗——《大黄册》记载与本书相同，称：“苏勒坦可汗，其子巴特尔可汗”。

⑦江格儿可汗——《大黄册》称：“正格尔可汗。”蒙古卫拉特部英雄史诗《江格尔》似乎与此有关。

⑧哈萨克可汗——《大黄册》记载与本书相同。当今的哈萨克族起源于此人的后裔。

哈日（昂纳萨日）、喀什勒必思、答尔必思、玛乞思、乌兰阿乞思、托呼思等诸多汗国[①]。

亲王察合台为白帽子回回国可汗，定都于哲尔根城[②]。有阿卜达拉、伊玛玛呼里、阿达儿玛玛惕、贡格儿、铁木儿五个儿子[③]。

·察必皇后·

①阿克萨哈日、喀什勒必思、答尔必思、玛乞思、乌兰阿乞思、托呼思等诸多可汗国——关于拙赤后裔属国的信息，在《黄金史》与《大黄册》中均有记载。《大黄册》称：“拙赤后裔占据托克玛克国，昂哈萨尔、哈撒勒必思、达尔必思、希钦、乌兰玛奇思、脱忽思、忙忽思等为拙赤后裔的属国。”

②哲尔根城——《恒河之流》称：“亲王察合台成为白帽子回回国的可汗，定都于吉尔吉乐城。”德国学者瓦·海西西先生也采纳了“哲尔根”这种写法。《元史》称“鸭儿看”“也里牵”。也就是如今位于新疆维吾尔自治区的叶尔羌。

③阿卜达拉、伊玛玛呼里、阿达儿玛玛惕、贡格尔、铁木儿五个儿子——在本书记载的察合台五子之名字，与《恒河之流》记载基本相同，很明显其来源是一致的。与其他文献记载截然不同。

其中阿卜达拉继承可汗。

伊玛玛呼里为萨尔塔兀勒国可汗，定都于撒马耳干城[①]。

阿达儿玛玛惕为额讷特克国可汗，定都于巴拉沙城。

贡格儿统辖罗马国，定都于伊斯坦布尔城。

铁木儿统辖红帽渥荣嘎国，定都于布花儿城。

阿卜达拉可汗的儿子阿布拉玛玛惕可汗，其子萨卜达里可汗，其子伯克德弥可汗，其子阿必拉可汗，其子珠勒巴里克可汗，其子贝里可汗；由伊斯麻利继承可汗位。

亲王察合台父子的属国为：哈密、吐鲁藩、布花儿、

J L Q F

①撒马耳干城——本书作“撒穆尔汗城”。

·察合台·

撒马耳干、鸭儿看、喀什哈尔、阿克苏、库塞、克里叶、齐拉雅、鄂托克、阿哈豁阿固色、哈喇彻里克、阿柴那、弥尔克、萨尔塔兀勒、额讷特克、罗马、渥荣嘎等诸多地方[①]。

三台吉窝阔台，属丙午年[②]生。四十四岁己丑年，在克鲁伦河阔朵额阿剌勒之地第三年称可汗[③]。南灭金朝，北征钦察，重新制定朝纲。派遣使臣邀请佛教萨嘉派的三世满殊室利·贡嘎坚赞[④]。这位先哲认为时辰未到，所以，没有

①关于察合台汗国的情况，《大黄册》记载的基本与本书相同。

②丙午年——指的是窝阔台出生的时间，即公元1186年。

③在克鲁伦河阔朵额阿剌勒之地第三年称可汗——在这里出现的“第三年”，是指成吉思可汗薨逝的第三年，也就是公元1229年。

④三世满殊室利·贡嘎坚赞——为吐蕃特萨思嘉宗第二代首领贡噶宁波之第三子，萨思嘉嘉宗称其为五大首领之第三。据吐蕃特《红史》记载，此人生于公元1147年，到公元1216年涅槃。他的逝世是在窝阔台称汗之前。所以，称“窝阔台可汗邀请他”之说，纯属后人捏造。

动身。而对自己的侄子萨思嘉·班迪达·贡嘎坚赞（萨班——译者）[1]留言说："将来有一天，从东方帽若坐鹰，靴若猪鼻，木网为家的蒙古国可汗阔端前来邀请你。到那时，你要前去！你的宗教会在那里兴盛。"窝阔台可汗整治朝纲，辅助宗教，在位十三年，五十六岁辛丑年[2]冬仲月去世。乞塔惕国尊封他为太宗英文皇帝，直到妥懽帖睦尔可汗的乞塔惕尊号，均按此例记载。之后，其六皇后乃马真哈屯[3]摄政四年。

哈屯之后，大太子定宗阔端[4]于丙午年继位，四十四岁戊申年去世。此说源于大元国史（《元史》——译者），与蒙古有些史书记载不同，有的史书类同。

窝阔台可汗有阔王（贵由——译者）、阔端（又称曲鲁克）、阔出、哈喇察尔、合西、合丹（合丹斡忽勒——

JLQF

①萨思嘉·班迪达·贡嘎坚赞——汉文文献简称为"萨班"。生于公元1182年，死于公元1251年。他于公元1244年收到窝阔台可汗之子阔端的邀请，63岁从南藏启程，经过三年的艰苦跋涉，来到阔端的驻地武威城。与阔端见面，商量吐蕃特地区的政治与宗教大事，成为吐蕃特地区回归中原王朝的第一功臣。直到公元1251年逝世。

②辛丑年——指的是窝阔台可汗薨逝的时间，即公元1241年。

③六皇后乃马真哈屯——窝阔台可汗的哈屯，又称脱列哥那哈屯。

④定宗阔端——这是一种错误的说法，但西部蒙古人撰写的蒙古史常见。定宗是贵由，不是阔端。下文出现的"阔王"，就是贵由的误称。

译者）、灭里台吉七子。其中皇太子[①]于辛丑年继位，六个月后归天。次子阔端，甲戌年（公元1214年）生，二十九岁时，在乌尔木克端达可汗之地壬寅年[②]继位。

之后，从吐蕃特邀请萨思嘉·班迪达·贡嘎坚赞，此人通晓佛教五学，并曾镇伏额讷特克作孽的逆党。阔端可汗曾染阴毒脚疾，于是，在癸卯年派遣使者称："阔端可汗的书信：我本人邀请满殊室利佛的化身萨思嘉·班迪达，请立即到这里来！如果怠慢的话，我要派大军前往西部，责难唐兀惕、吐蕃特大众。这样的话，您心里不悲痛吗？因此，请不要耽搁，速速前来！"看到书信，正合三世满殊室利·贡嘎坚赞所预言的使臣情形、可汗名讳、国家威势。于是，甲辰年（公元1244年）动身。

阔端可汗在阔阔乌孙之地[③]迎接请他治疗脚疾。萨思嘉·班迪达·贡嘎坚赞看出是阴毒所致，诵读金刚经，运作龙王礼数，治好了阔端的脚疾。从此，萨思嘉·班迪达·贡嘎坚赞成了蒙古、吐蕃特、乞塔惕大众的至尊者，他依权树形状，创造蒙古文字[④]。又在日俎安城（凉州——译者注）兴建喀玛拉失喇塔（嘎尔玛西拉）[⑤]，这是蒙古人中盛行佛教的开始。

萨班在蒙古待了七年，大力传播宗教，深受群众的拥戴，传扬政教之大享。在辛亥年（公元1251年）涅槃于蒙古草原。从窝阔台可汗去世的辛丑年到（贵由）称可汗的第六个月，阔端于壬寅年称可汗。癸卯年派遣使臣到吐蕃特，甲辰年萨思嘉·班迪达·贡嘎

·察合台汗国的货币·

①皇太子——这是指的是窝阔台可汗长子贵由。贵由不是于公元1241年即位，而是于1247年即位。

②壬寅年——这里称阔端于公元1242年即位。在蒙古文文献之中称阔端即位的是《大黄册》《蒙古源流》《阿萨拉克齐氏的历史》以及这本《金轮千辐》等书。而《黄金史》和《黄金史纲》重要文献均无这种记载。《大黄册》《蒙古源流》等书很明显抄袭了吐蕃特历史文献《红史》的观点。

③阔阔乌孙之地——诸多蒙古文文献当中载阔端与萨思嘉·班迪达·贡嘎坚赞见面的地点为“凉州”，唯独这本《金轮千辐》称“阔阔乌孙之地”。这是不是凉州的蒙古名字？值得考究。

④萨思嘉·班迪达·贡嘎坚赞创造蒙古文字——这是出现在18世纪蒙古文历史文献中的传说，并非历史事实。在17世纪成书的《黄金史》《大黄册》、《蒙古源流》《阿萨拉克齐氏的历史》以及《阿勒坦汗传》上均有萨思嘉·班迪达·贡嘎坚赞的叙述，但从未出现“创造蒙古文”的信息。

⑤日组安城兴建喀玛拉什喇塔——据有关历史文献记载，这座塔应称为“噶尔玛西拉塔”，为噶尔玛喇嘛所建，而不是萨思嘉·班迪达·贡嘎坚赞所建。

坚赞来到阔端可汗身边。以此推算，乃马真哈屯摄政的四年是同于阔端可汗执政。阔端在壬寅年二十九岁时称可汗，七年之后的戊申年去世。贵由可汗[1]去世后海迷失哈屯执政二年，封贵由可汗为定宗皇帝。贵由可汗有

·康宁寺，公元13世纪中叶，元世祖忽必烈帝师八思巴在世时，为使藏传佛教在蒙古、汉地广泛传播，在广大国土建上寺700有余，康宁寺即为其中之一·

---

①贵由可汗——此人是脱列哥那六皇后（乃马真）所生的窝阔台可汗长子。窝阔台可汗薨逝后，脱列哥那哈屯从1241年到1247年摄政。当时，贵由正在参加窝阔台可汗组织的“长子军西征”。窝阔台可汗薨逝的噩耗传到远征军的战场，大军统帅拔都下令停止征战回军。可是，脱列哥那哈屯迟迟不让位。后来，在帖睦格斡惕赤斤大军的威胁之下，脱列哥那哈屯才感到害怕，把蒙古汗国大权交给了自己的儿子贵由。这就是蒙古汗国第三位可汗，公元1247—1248年在位。

忽察、瑙忽、禾忽三子。阔端可汗有无子嗣，史书上没有明确记载。贵由与阔端的后人没有即可汗位。

圣主成吉思可汗的四台吉拖雷之妻王汗弟札阿绀孛[1]之女唆鲁禾帖尼·别乞太后生有蒙哥、忽必烈、旭烈兀[2]、阿里不哥[3]四子；汉文史书则称蒙哥、索尔、阿布拉呼[4]、珠尔呼[5]、呼图克图、忽必烈六子。

不论哪本书，均记载为蒙哥可汗[6]属戊辰相，四十四岁时辛亥年（公元1251年）于阔朵额阿剌勒称可汗，九年后丁未年（公元1259年）去世，追封宪宗桓肃皇帝。蒙哥可汗有巴秃、阿速带、答希（玉龙答

J L Q F

①札阿绀孛——这是本书的写法，札阿绀孛是客列亦惕部王汗的弟弟。

②旭烈兀——拖雷之子，蒙古第三次西征的统帅，伊利汗国的创建者。本书作“额吉勒忽”。

③阿里不哥——拖雷之子，与其兄忽必烈同年（公元1260年），在哈拉和林称蒙古汗国可汗，到其第五年（公元1264年）被忽必烈打败。本书作“阿林布格”。

④阿布拉呼——这是本书的写法，阿里不哥的异写。

⑤珠尔呼——这是本书的写法，可能是旭烈兀的异写。

⑥蒙哥可汗——拖雷之子，蒙古汗国第四位可汗。因其父亲拖雷当胞兄窝阔台可汗替身，喝孛额祝咒的水而死，所以他成长在窝阔台可汗膝下。他又以拖雷长子的身份，于公元1236年参加了窝阔台可汗组织的“长子军西征”。在拔都的支持下，即可汗位。公元1251—1259年在位。

失——译者）、和平王萨拉钦[1]、巴彦秃太吉[2]五个儿子。

与蒙哥可汗同母所生的弟弟忽必烈彻辰可汗，生于乙亥年，四十六岁时，铁猴年（中统元年），在上都即可汗位（封号世祖圣德神功文武皇帝、斯辰可汗）。彻辰可汗起用众多文武兼备、贤明、超群的能人为大臣，沿用源于中原汉王朝的王、公、丞康[3]、护班等官衔。收复吐蕃特、乞塔惕、安南、交支、水本、扶桑、八百媳妇国等地。依法征收各项税赋，改善定例及各种法律法规。建立大政，兴建大都、开平、库尔都城。冬季治在大都，不累四隅，不扰八境，使普天下众生

·绘有莲纹的元代瓷器·

①和平王萨拉钦——这是本书写法，应为和平王昔里吉。

②巴彦秃台吉——这是本书写法，应为巴牙伦台吉。

③丞康——丞相的错别字。

安居乐业，改大蒙古汗国为大元国。

忽必烈可汗的察必哈屯[1]得知萨思嘉·班迪达·贡嘎坚赞的侄子玛迪都瓦赞[2]，生于丁未年（公元1247年），当年十四岁时跟随其叔父来到蒙古，现已三十岁，便向呼图克图忽必烈（这里可能是根据把蒙古渊源说成额讷特克可汗的后裔之说，故称忽必烈为呼图克图）彻辰可汗请求说："这位玛迪都瓦赞是我们圣师喇嘛的侄子，听说他具有渊博的知识，我们从他接受吉祥喜金刚灌顶吧！"忽必烈可汗问道："为什么要接受灌顶？其规矩是什么？或者你先接受灌顶，而后告知我"。于是，察必哈屯选择比较虔诚的二十四人，领到喇嘛身边接受灌顶。之后，回到可汗身边说："喇嘛的戒令，受戒之人应把身、言、心全部奉献给宗教；严守戒律，勿忘誓言；慈悯众生；修炼菩提；一辈子遵循成佛之道。这就是我所记下的戒律。"忽必烈可汗说："我是一个可汗，怎能恪守誓言？而且可汗大于一切！"便没有受戒。哈屯对喇嘛说："朝政之大事，喇嘛不要插手；

---

①察必哈屯——本书作咱贝豁阿哈屯，是忽必烈彻辰可汗的原配哈屯。据《元史》记载，此人聪明睿智，有远见，经常为忽必烈可汗出谋策划，提醒不到之处。

②玛迪都瓦赞——八思巴喇嘛的俗名。此人具有渊博的佛教知识和精明的政治远见。是萨思嘉·班迪达·贡嘎坚赞的侄子。忽必烈可汗的帝师，大元第一代国师。

·忽必烈·

朝廷议事之时，可汗应该居于上座。”哈屯又将喇嘛的话转告给可汗：“对于宗教事务，应该以喇嘛为上；在朝中，应该以可汗为上。”忽必烈可汗表示赞同，说：“若是这样可以接受灌顶。”遂挑选二十四人去接受喜金刚灌顶。忽必烈可汗向喇嘛承诺：“初次接受灌顶时奉献丰厚的财物；第二次接受灌顶时赦免刑事狱犯，减轻乞塔惕国的税赋；第三次接受灌顶时，把吐蕃特地区封为达尔罕，减免喇嘛僧的赋税徭役；第四次接受灌顶时把自己的身、言、心全部奉献给宗教。”他赐封八思巴为“诺门汗、呼图克图喇嘛”，推行“十善法正”，将政教并行于普天之下，以“转金千轮砸伽罗法拉第·薛禅”名扬天下。从此，忽必烈与喇嘛二人在大都和上都同住一处。众多文武大臣敬仰，将八思巴视为至尊喇嘛。可汗在位三十五年，发扬父祖定下的各种制度和礼仪，朝野上下采用能人贤士，使国家安宁，万众乐业。到至元三十一年即甲午年，八十岁，在大都去世。世祖忽必烈彻辰可汗与察必哈屯所生有朵儿只、忙哥剌、真金[①]、那木可汗四子（汉文书籍记载：道尔吉、皇太子真金、安西王忙哥剌[②]、北安王那木可汗、云南王宫嘎尔咱勒、爱牙赤台吉[③]、西平王奥鲁赤[④]、宁远君王阔阔出[⑤]、镇南王脱欢、忽里带[⑥]、铁木儿十一子）。

---

①真金——蒙古文文献作“howang taisa qinggim”。本书称“汉文作‘jin gin’”。汉文称作真金，忽必烈彻辰可汗曾经指定的皇太子。据《元史》称：“裕宗文惠明孝皇帝，讳真金，世祖嫡子也。”“于是世祖春秋高，江南行台监察御史言事者请禅位于太子。太子闻之，怕。台臣寝其奏，不敢据闻，而小人以台臣隐匿，乘间发之。世祖怒甚，未及，遂薨，寿四十有三。”

②安西王忙哥剌——蒙古文文献作“menggele”。为忽必烈彻辰可汗的儿子。

③爱牙赤台吉——本书作“aiqi taiji”，汉文文献作“爱牙合赤”。

④西平王奥鲁赤——本书作“xi ping wang ahologqi”，汉文文献作“西平王奥鲁奇”。

⑤宁远君王阔阔出——本书作“ying yuwan gun wang hungzhu”，汉文文献作“宁远君王阔阔出”。

⑥忽里带——本书作“holad”，汉文文献作“忽里带”，据《蒙古世系》应为“忽都鲁帖木儿”。

·蒙古族剪纸·绕树而舞·

且据《元史》记载，皇太子真金早逝。嫡孙铁穆耳三十岁于甲寅年[①]即位，封成宗钦明广孝皇帝、完泽笃可汗[②]。在位十二年，于丁未年春正月在大都去世。

有的书籍记载说，诺门可汗八思巴喇嘛欲归西域萨嘉寺的时候，可汗、哈屯下令："我们的诸子当中谁若护送喇嘛，虔诚供佛的话，让他的儿子即大位"，真金说："我愿护送喇嘛，完成父母的意愿！"遂护送诺门可汗呼图克图喇嘛。真金太子有甘麻剌、答剌麻八剌、完泽笃[③]三子。后完

---

①甲寅年——这是"甲午年"的误写。所以，应该为"公元1294年"。

②完泽笃可汗——这是蒙古文文献写法，汉文文献作"完泽笃皇帝"，完泽笃就是乌勒吉图。

③完泽笃——"完泽笃"是成宗皇帝的蒙古帝号，不是其名字。他的名字叫铁穆耳。

泽笃即了大位。

完泽笃可汗生于乙丑年（公元1265年），三十岁甲午年即大位。聘请萨嘉·满珠·贡嘎·答儿玛·巴拉喇嘛为福田。他遵循祖父之制，政教并行，以两道造福于全民。在位十四年，于丁未年正月初八在大都去世（完泽笃可汗的独生子名叫德寿，无嗣，早逝）。

完泽笃可汗的胞兄答剌麻八剌的长子海山忽鲁克，次子普颜笃或巴儿马二人。海山可汗属辛巳相，二十八岁戊申年（公元1308年）即汗位，聘请大智圣识一切的搠思吉斡节儿为国师。此人大显神通，创造蒙古文八百个原字，从吐蕃特语蒙译了很多书籍。可汗被称为引导普天下大众维护政教的忽鲁克可汗，在位四年，三十一岁时（辛亥年，公元1311年）在大都去世（谥号武宗仁惠宣孝皇帝忽鲁克可汗）。其子有明宗、文宗二人。可他指定弟弟普颜笃爱育黎拔力八达（巴儿马——译者）为大公皇太子，让其即可汗位。

普颜笃可汗①属乙酉相（公元1285年），二十八

①普颜笃可汗——《元史》作“普颜笃”，这是蒙古语“宝音”或“博颜”的刚转化形式，其渊源乃是“福音”或“福荫”。

岁的壬子（公元1312年）年即位。平安执政，并聘请萨思嘉·室哩喇嘛[①]为福田。在位九年，于三十六岁庚寅年（公元1320年）在大都去世（谥号仁宗圣文钦孝皇帝普颜笃可汗）。有硕德八剌[②]、安王斡托斯不花二子。

硕德八剌格根可汗于癸卯年（公元1303年）生，十九岁（辛酉年，公元1321年）即汗位。之前诸可汗均着蒙古朝服，从此可汗开始身着

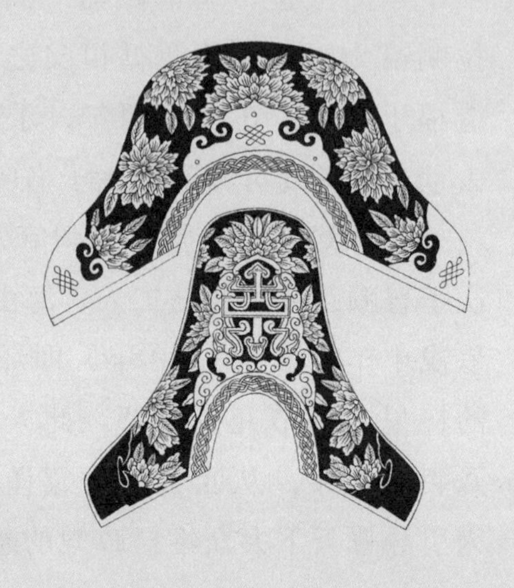

·鞍桥图案·

①萨思嘉·室哩喇嘛——又作“董岳惕巴”喇嘛。

②硕德八剌——又作“薛迪八剌”，元英宗，蒙古号葛根可汗。

乞塔惕皇帝的冕冠与绲袍。聘请萨思嘉·不答失哩[1]（索达那木札木散）为福田。在位三年，于二十一岁（癸亥年，公元1323年）在上都南蒙古名叫莫林鄂博纯[2]（汉名叫南坡）之地，被御史大傅哈班达巴希[3]所害（可汗无嗣）。

真金长子甘麻剌之子也孙铁木儿生于癸巳年（公元1293年），三十二岁甲子年（公元1324年）即汗位。可汗扶正朝纲，聘请萨思嘉·博雅八迪[4]（伊克·巴木·索德纳木）为福田。在位五年，三十六岁戊辰年（公元1328年）秋初月于上都去世（谥号泰定皇帝也孙铁木儿）。

也孙铁木儿可汗有阿苏吉瓦、巴达玛桑布、树沙克、云丹藏卜四个儿子。皇太子阿苏吉瓦即位三个月，冬初月在海山忽鲁克次子图帖睦尔的暴乱[5]中，因上都沦陷而消失（有的史书称扎哈珠可汗，有的史书称阿剌吉八，哪一个指阿苏吉瓦，不详）。

---

①萨思嘉·不答失哩——又作“索达纳木扎木散喇嘛”。

②上都南蒙古名叫莫林鄂博纯——《元史》作“上都南坡之地”。《恒河之流》称：“南坡之地，蒙古名叫莫林鄂博纯。”

③御史大傅哈班达巴希——《元史》称：“御史大夫铁失。”

④萨思嘉·博雅八迪——又作“伊和巴木索达纳木”。

⑤图帖睦尔的暴乱——这里指的是公元1326年的“元朝两都战争”。

之后，己巳年（公元1329年）春正月，武宗海山忽鲁克合汗的二子明宗和世瑓呼图克图[①]和文宗图帖睦尔扎雅图可汗，二子中的和世瑓呼图克图在西方享有盛名，他从阿勒泰赶来后，宰桑燕铁木儿[②]盗取传国玉玺，献给了和世瑓。和世瑓呼图克图于夏初月初三在彻彻格瑚之地即汗位。又在秋仲月初六去世（有的史书称作于名叫旺古察图之地突然逝世。有的史书称一个月后逝世。汉文史书称和世瑓可汗、

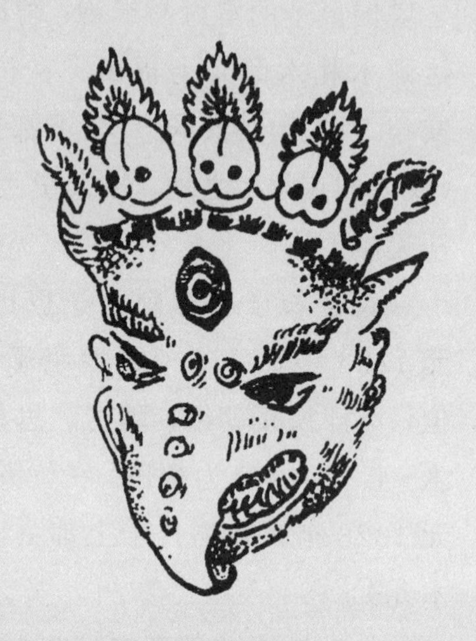

·查玛舞中的鹰面具·

①明宗和世瑓呼图克图——《元史》作“和世㻋明宗皇帝”。

②宰桑燕铁木儿——《元史》作“燕帖木儿”。

明宗、翼献景孝皇帝）。

和世瑓可汗的弟弟文宗图帖睦尔扎雅图于本月初十即大位。聘请萨思嘉·阿南达八特格勒为福田。虔诚尊崇释迦牟尼宗教，遵行政教并举。在位四年，二十九岁壬申年秋仲月于大都去世。

本年冬初月，和世瑓可汗之子顺帝妥懽帖睦尔、明宗（宁宗之误）懿璘质班[1]二人之中的弟弟懿璘质班即可汗位。在位一个月，七岁便在大都去世。之后，其兄妥懽帖睦尔可汗生于庚申年，于十四岁癸酉年（公元 1333 年）元统元年即其弟懿璘质班的可汗大位。

聘请萨思嘉·阿难达喇嘛[2]（《蒙古黄金史》译本称普颜奴龙——译者）为福田，扶正政教，安定幸福。但不久，嗜酒奢侈，有悖体统。朝廷中萨思嘉与噶尔玛两派相互争斗[3]，杀死了察可汗格隆[4]一位神通广大的萨嘉喇嘛，致使朝纲紊乱，人心涣散。

---

①明宗懿璘质班——“明宗”是“宁宗”之误。《元史》作“懿璘质班”。

②萨思嘉·阿难达——又称“贡嘎穆瑞”。

③萨思嘉与噶尔玛两派相互斗争——在汉文文献，有关吐蕃特佛教萨思嘉与噶尔玛两派相互斗争的信息几乎见不到。可是蒙古文文献中却提到蒙哥可汗与忽必烈可汗时期的噶尔玛派的一些信息。尤其是本书与《黄金史》上大力批驳妥懽帖睦尔可汗与噶尔玛派的关系。

④杀死了察可汗格隆——这就是蒙古文文献偏向于萨思嘉派的一个例子。

于甲申年①，汉人姓朱的老头之子名叫朱葛②的出生之时，其家显现了彩虹。于是，剌哈、伊巴忽二人向可汗进谏（有的史书称是曲鲁克博尔术之后亦剌忽丞相坦言）：“这等凡人出生时显现出如此异象，如果吉祥则是好事；如果是凶兆，不如把他舍弃！”可汗驳斥他们，并制止了他们。

朱葛长大后，让他治理东方诸省部族。当时，治理西方诸省的是脱脱③、哈剌章二人。朱葛与叫不花的弟弟二人合谋向可汗进谗言，说脱脱与哈剌章二人的坏话，二人被免去了职务。从此，东西方各省全由朱葛、不花兄弟二人主管。兄弟二人以征收南方乞塔惕国赋税为借口，到那里一住就是三年不回。后来，他们组织兵力，回来围困大都，征伐可汗。顺帝可汗在位三十七年，于四十九岁戊申年（公元 1368 年）闰七月廿七子夜子时，失去大都，带领哈屯与太子们、十万蒙古百姓，顺梦中所见到的通水隧道穿过城墙逃

①甲申年——这是一个错误说法。明太祖朱元璋生于公元 1328 年的戊辰年。

②朱葛——蒙古文文献称朱元璋为“朱葛”。并称朱葛为元惠宗妥懽帖睦尔可汗的大臣出身。他用阴谋诡计挑拨离间了可汗与丞相脱脱之间的关系，之后取而代之。后又用奸计骗夺取大元政权……等等。

③脱脱——是妥懽帖睦尔可汗的忠臣丞相。《元史》作“脱脱”。

遁。合撒儿的后裔脱忽巴特尔[1]之子图穆勒忽巴特尔其子安吉、忽鲁克以及博尔术后裔亦剌忽青桑[2]三人，率领六十一位旗手力战乞塔惕军队而得以逃脱。可汗自

·蒙古族彩绘家具·

古北口出逃到蒙古地方，在客鲁涟河[3]附近建起巴尔思城[4]，己酉年登基（汉文文献城惠宗顺皇帝）。

①脱忽巴特尔——是合撒儿三子脱忽，当惠宗可汗失去大都时，他的后裔托木罗呼解救了他。

②亦剌忽青桑——亦剌忽为成吉思可汗“四杰”之一孛兀儿出之后裔。青桑，即“丞相”的谐音。

③客鲁涟河——蒙古国一条河的河名。69巴尔思城——位于赤峰市克什克腾旗达鲁淖尔东北岸上的元代鲁王城，汉名“应昌府”。

④巴尔思城——位于赤峰市克什克腾旗达鲁淖尔东北岸上的元代鲁王城，汉名“应昌府”。

乌哈噶图可汗失去大都城而悔叹曰：

·康宁寺八思巴纪念塔·

“可汗成吉思额真[1]辛苦建立的兀鲁思

圣明彻辰可汗订立朝纲的地方

全蒙古大众依恃的大都城

悔不听进谏的剌、伊巴忽之言

用各种珍宝装饰的冬营大都城

平安驻夏的上都开平失剌塔拉[2]

用各种宝物建起来的八面白塔诸神祇

普天下四十万蒙古中心兀鲁思

诸多呼图克图彻辰建立的朝阳般的宗教

忽必烈彻辰确定的政教并行制度

被暗藏祸心的朱葛、不花二人窃取

①额真——“额真”为蒙古语，意思是“主子”。蒙古语习惯称“额真可汗”。

②失剌塔拉——“失剌塔拉”为蒙古语，直译意思是“黄色的草滩”，喻义为“金色的大草原”。如称林丹可汗薨逝的地方为“失剌塔拉”。

丑恶罪名落到乌哈噶图可汗我头上
父祖诸可汗建立起来的广大国家
普天下大众共同崇奉的宗教佛陀

·蒙古族头饰·

被狠心的乞塔惕兀鲁思夺了去
唯独顺帝可汗我负上了坏名声
把天骄成吉思可汗的黄金家族朝纲
上乘佛陀神圣忽必烈彻辰的金殿
作为这世界之主顺帝彻辰可汗我
依天命失去了这政教合一的朝政[1]
把可汗父亲苏都博格达留下的玉玺
视为至上珍宝携带而出的乌哈噶图可汗

①依天命失去了这政教合一的朝政——这句话在有些书上不见。

舍身迎战救出我的不花特木儿青桑
宝玉般稳固的黄金家族社稷
贤哲们宣扬的朝阳般佛陀之教义
闪着光芒留在了朱葛、不花二人之手
这一切都是我妥懽帖睦尔可汗的过错
愿成吉思可汗的黄金家族，
再返回来，理邦治国啊！”

顺帝可汗为失去政教合一的朝政而感到悲哀，祈祷复辟而做了这首诗。

乌哈噶图可汗治理从大都带出去的察哈尔、哈拉哈、鄂尔多斯、土默特、永谢布、乌梁海、卫拉特、厄鲁特、巴哈图特、晃坛[①]等十万蒙古民众于巴尔思城，在位一年，五十一岁庚巳年[②]去世。从此，乞塔惕兀鲁思成立，国号为明朝。

自圣主成吉思可汗于斡难河源称可汗的丙寅年到顺帝妥懽帖睦尔归天的庚巳年，历时一百六十五年。

①晃坛——蒙古部落名，应为“晃豁坛”，有的书称“忽雅克坛”。“忽雅克坛”为皮甲军士。

②庚巳年——这是错误记载。妥懽帖睦尔可汗逝世的是公元1370年的庚戌年。

一、太祖博格达成吉思可汗；

二、太宗窝阔台可汗；

三、定宗贵由可汗；

四、阔端忽鲁克可汗[①]；

五、宪宗蒙哥可汗；

六、世祖忽必烈彻辰可汗；

七、成宗铁穆耳乌勒吉图[②]可汗；

八、武宗海山忽鲁克可汗；

九、宋宗[③]爱育黎拔力八达普颜图可汗；

十、英宗硕德八剌格根可汗；

十一、泰定帝也孙铁木儿可汗；

十二、皇台吉阿苏吉瓦吉雅图可汗；

十三、明宗和世瑓呼图克图可汗；

十四、文宗图帖睦尔吉雅图可汗；

十五、福王懿璘质班可汗；

十六、惠宗顺帝妥懽帖睦尔可汗十六位可汗[④]。

---

①阔端忽鲁克可汗——西部一些蒙古史学家们称阔端为可汗，与史实不符。

②成宗铁穆耳乌勒吉图——《元史》作“成宗铁穆耳完泽笃皇帝”。

③宋宗爱育黎拔力八达——《元史》作“仁宗爱育黎拔力八达普颜笃皇帝”。

④十六位可汗——去掉阔端第四位，应该为十五位可汗。

征服了乞塔惕、吐蕃特、蒙古、苏拉哈[1]为首的海内各部族，依父祖所定的国法制度扶正他们。并且聘请萨思嘉五位满殊室利喇嘛[2]为首的神通明哲的诸喇嘛作为福田，使宗教如千轮太阳般的光芒而传播于人间。使众臣安乐幸福，使天下百姓安居乐业，确立了以往帝王所遵循的政教并行的朝政。黄金家族的源流，十六位可汗[3]之幸福，如上天所定的礼仪，一切政教完满的朝纲。

·乃马真皇后·

顺帝乌哈噶图可汗有昭宗必力克图可汗[4]、毅王二子。（有的史书称顺帝可汗的弘吉剌惕皇后[5]留在了大都城内。当时，她已有三个月身孕，乞塔惕洪武皇帝娶她为妃。皇后对天祈祷："如果七月之后分娩，则以敌人的儿子而被加害。如果十月之后分娩，就当作自己的儿子而被抚养。请求天尊大发慈悲，再增加三个月！"结果，过了十三个月而出生的是永乐大明可汗。洪武皇帝曾经梦见二龙相斗，而东边的龙取胜。依此，指定东宫所生乌哈噶图可汗的嫡子永乐大明可汗[6]率领山阳之六千兀者[7]人和水滨之三万女真人[8]，征讨洪武

①苏拉哈——史书没有出现过“苏拉哈”的部族或国家，应该为“索朗嘎”的别字。

②萨思嘉五位满殊室利喇嘛——“萨思嘉五位圣僧”。官楚克扎勒布（1034—1102）；贡噶宁波（1092—1158）；剌哈巴坚赞（1147—1216）；贡噶坚赞（1182—1251）；罗瑞坚赞（1235—1280）。

③黄金家族的源流十六位可汗——蒙古汗国及大元时代的蒙古可汗中去掉阔端，应该为十五位可汗。

④昭宗必力克图可汗——蒙古北元朝第二代可汗，妥懽帖穆耳之子爱猷识理达腊必力克图昭宗可汗。

⑤顺帝可汗的弘吉剌惕皇后——《蒙古源流》称“翁吉剌惕部托克托噶太师之女儿格日勒图哈屯”。还有蒙古文文献称：“妥懽帖穆耳可汗的三皇后。”

⑥永乐大明可汗——朱棣，朱元璋第四子。明朝第三代皇帝，初封燕王，公元1402年发动“靖难之役”，将明朝建文帝朱允炆赶下台，夺取了皇位。他组织撰写了《永乐大典》，又令郑和下西洋，数次征伐蒙古北元，死在蒙古地区。蒙古文文献称其为“顺帝可汗的弘吉剌惕皇后所生，妥懽帖穆耳可汗之子”。

⑦山阳六千兀者人——乌济业特部，成吉思可汗幼弟帖睦格斡惕赤斤后裔为主子的蒙古大部落。其分封领地广阔，属民众多的客观条件成了封建割据的有利基础。因此，屡屡反叛，最后被蒙古北元打来孙库登可汗与土默特阿勒坦汗、科尔沁部奎蒙克塔斯哈喇联合镇压，取消其万户资格并被解散。汉文文献称“兀良哈万户”，蒙古文文献称其为“乌济业特部”。

⑧水滨之三万女真人——当时属于乌济业特部领地上的原女真部，蒙古文文献称之为“主儿扯惕特”。

皇帝的孙子元可汗[1]，把他赶下了台。

永乐可汗称大明可汗，扶正朝纲，聘请第二杰出的宗喀巴的弟子大慈法王为福田[2]，将格鲁派黄教传播与乞塔惕之地。明朝有洪武皇帝父子二人与黄金家族永乐可汗的后裔十一人，共十三位可汗[3]。）

妥懽铁穆耳可汗的大太子昭宗必力克图爱猷识理达腊生于丁丑年（公元1337年）。三十四岁庚戌年即位，统辖十万蒙古兀鲁思，号称北元，成为独立的蒙古乌鲁思可汗。在位九年，四十三岁时戊午年去世。必力克图可汗有迈达里八剌、天保奴、地保奴三子。

史书称必力克图可汗的弟弟兀思哈勒[4]（毅王可能

①洪武皇帝的孙子元可汗——指的是朱元璋的孙子朱允炆，明朝第二代皇帝，被朱棣打败而消失。

②大慈法王为福田——《蒙古源流》称："永乐皇帝即位后，请噶尔玛宗诺勒必道尔吉、萨思嘉大乘之宕禅绰尔济、大慈法王帕萨木叉绰尔济三位……"。其中"大慈法王帕萨木叉绰尔济"就是"萨思嘉业西国师"。

③明朝……十三位可汗——是错误的说法。明朝一共有十六位皇帝。他们是太祖朱元璋、惠宗朱允炆、成祖朱棣、仁宗朱高炽、宣宗朱瞻基、景帝朱祁钰、英宗朱祁镇、宪宗朱见深、孝宗朱祐樘、武宗朱厚照、世宗朱厚熜、穆宗朱载垕、神宗朱翊钧、光宗朱常洛、熹宗朱由校、思宗朱由检。

④兀思哈勒——蒙古北元第三代可汗特古斯特穆尔（公元1379—1388年）的可汗号。

是他的汉名）生于己丑年（公元 1349 年）。三十一岁己未年（公元 1379 年）即位。在位十年，于戊辰年（公元 1388 年）去世（称兀思哈勒可汗为必力克图可汗之子，似乎年岁不符）。

兀思哈勒可汗有恩克卓里克图[①]、额勒伯克尼古埒苏克奇[②]、哈尔固楚克杜棱[③]三子。其中的大太子恩克卓里克图属丁亥年（公元 1367 年）生。二十一岁己巳年（公元 1389 年）即位。在位三年，于辛未年（公元 1391 年）去世（可汗无嗣）。

之后，其弟额勒伯克尼古埒苏克奇（属庚戌年，公元 1370 年生）二十三岁壬申年即位。他以“慈悲”[④]名

①恩克卓里克图——蒙古北元第四代可汗（公元 1389—1392 年）。孛儿只斤氏恩克，号卓里克图。

②额勒伯克尼古埒苏克奇——蒙古北元第五代可汗（公元 1392—1399 年）。孛儿只斤氏额勒伯克，号尼古埒苏克奇，又称“尼古埒苏克苏贵”。由于他淫荡好色，导致了蒙古北元朝廷分裂为“都钦”（东部蒙古）和“杜尔边”（西部卫拉特）两部。

③哈尔固楚克杜棱——额勒伯克尼古埒苏克奇可汗的弟弟，其亲哥哥为了强占弟妹（哈尔固楚克杜棱台吉的妻子）乌勒吉图洪高娃拜姬而杀死了他。其妻子乌勒吉图洪高娃拜姬为丈夫复仇而设计杀死了卫拉特部忽兀海大尉。这样，本来统一的北元蒙古出现了分裂。这个迹象被明朝探知之后，明朝永乐皇帝分别赐封卫拉特三位首领为王，离间了东、西部蒙古。

④慈悲——蒙古语“尼古埒苏克奇”，额勒伯克可汗的号。

扬天下。忽有一天，鬼迷心窍，看到雪地上滴下的猎兔之血，问手下：“世上能有如此美貌的女子吗？”卫拉特部的忽兀海大尉告诉他：“哈尔固楚克杜棱台

·唆鲁禾帖尼画像 拖雷的正妻，蒙哥、忽必烈、旭烈兀、阿里不哥的生母·

吉的完者都皇豁阿妃子[1]貌美无比！”可汗挑起了无理事端。完者都皇豁阿妃子用计叫可汗惩罚忽兀海大尉之后，舔了一下忽兀海大尉的血迹说：“为丈夫报仇

---

①完者都皇豁阿妃子——哈尔固楚克杜棱洪台吉原配妻子，因额勒伯克可汗荒淫无度，杀死亲弟弟霸占弟妹，完者都皇豁阿妃子设计为丈夫复了仇。从一个普通蒙古女人的角度看，她的这种行为无可非议。可是其结果怎么样呢？整个蒙古北元分裂成了东西两部。教训是惨痛的。

了！”。可汗发觉误杀了忽兀海大尉。于是，赐封忽兀海大尉之子巴秃剌为丞相，将自己的萨木儿公主嫁给了他，并且叫他统辖四万卫拉特。巴秃剌丞相与兀

·铁木真与其四子·

格赤哈什哈率领四万瓦剌叛离而去。额勒伯克可汗在位六年，二十八岁丁丑年（公元 1397 年）被泰亦赤兀惕人兀格赤哈什哈①与巴秃剌等人所害。

①兀格赤哈什哈——蒙古北元异姓可汗，排第七代可汗（公元 1403—1408 年）。本书称其为“泰亦赤兀惕人”。日本学者和田清先生在其《东亚史研究蒙古篇》中提出：“蒙古文文献出现的乌格齐哈什哈似乎是出现在明朝人书中的鬼力赤”。

额勒伯克尼古埒苏克奇可汗有坤帖木儿[①]、完者帖木儿[②]、答里巴[③]、阿台[④]四子。其中大儿子坤帖木儿（有的史书称此人为扩廓帖木儿，有的史书称脱欢）属甲子年（公元1384年）生，十四岁丁丑年即位，在位三年。十七岁己卯年（公元1399年）去世（无嗣）。

之后，次弟完者帖木儿（有的史书称兀雷铁木儿）属乙丑年（公元1385年）。十五岁的己卯年即位，在位九年，于丁亥年（公元1407年）去世。

之后，三弟答里巴属辛未年（公元1391年），十七岁丁亥年即位。在位五年。辛卯年（公元1411年），二十二岁时去世。

之后，答里巴可汗的独生子斡亦剌台[⑤]属甲申年（公元1402年）。八岁的辛卯年即位，在位十一年。十八岁辛丑年（公元1421年）去世（无嗣）。

之后，额勒伯克尼古埒苏克奇可汗的四子阿台，属乙亥年（公元1395年），二十七岁的辛丑年即位。当时，哈尔固楚克杜棱的妻子完者都皇豁阿妃子被额勒伯克尼古埒苏克奇强娶的时候，已怀了阿斋台吉。后来，阿斋台吉被萨木儿公主隐藏起来，派人送到阿台可汗身边，说："厄鲁特[⑥]内部已乱，趁这个机会赶紧兴兵报仇！"阿台可汗、阿斋台吉、阿鲁台太师三人率蒙古兀鲁思兴兵，在博罗淖海昭的地方摆开战场。蒙古方面科尔沁的锡古苏台巴特尔王[⑦]出阵，瓦剌方面贵邻赤巴特尔[⑧]出阵，经过激战，锡古苏台巴特尔获胜。征服瓦剌，惩罚巴秃剌等人，俘虏了其子巴忽木。阿

①坤帖木儿——蒙古北元第六代可汗（公元 1400—1402 年）。本书记载的纪年从 1397—1399 年，与学者们的研究有出入。

②完者帖木儿——有的蒙古文文献作“乌力吉特木尔”，蒙古北元第八代可汗（公元 1408—1411 年）。

③答里巴——有的蒙古文文献作“德勒伯克”，蒙古北元第九代可汗（公元 1411—1415 年）。

④阿台——蒙古北元第十代可汗（公元 1426—1438 年）。此人来历有争论，也有说是“合撒儿后裔”“窝阔台后裔”的，与本书观点不一。

⑤斡亦剌台——关于此人的历史，学界有争论。诸史书不把他列入成吉思可汗黄金家族之内。本书所载特殊，将其说成是“答里巴可汗的独生子”。

⑥厄鲁特——蒙古部称谓。卫拉特联盟在绰罗斯部脱欢太师时代崛起，一度统一了整个蒙古北元地区。脱欢太师为了占据蒙古北元可汗之位，将自己的绰罗斯部改称“厄鲁特”。在蒙古语中，“厄鲁特”是“诃额伦”的复数。后来在发展中又分出“杜尔伯特”和“准噶尔”等不同的部。

⑦锡古苏台巴特尔王——合撒儿后裔。蒙古文书中称其为“锡古苏台”。

⑧贵邻赤巴特尔——诸蒙古文文献对其记载不一。本书作“虎林赤”。

斋台吉："萨木儿公主曾经救过我的命，如今可否赦免其儿子？"阿鲁台太师[①]："恶人的子孙，他的父亲曾经把我扣在拾粪筐底下，我的'阿鲁台'之名如此得来。如今把他交给我吧！"阿鲁台太师把巴忽木（蒙古语称脱欢——译者）扣在锅底下，给他起名为"脱欢"，折磨他。

那时，六万户蒙古举行会盟。脱欢[②]见与会盟者问："会盟讨论了什么？"会盟者嘲笑他，说："因为你没有参加，会盟什么也没有讨论！"脱欢向天祷告说："这不是你们的话，是上天的旨意！"不久，脱欢的母亲萨木儿公主来到蒙古，索回其子脱欢于瓦剌。那时，四万户瓦剌举行会盟，问脱欢："蒙古以可汗、太师为首的人们情况怎样？"脱欢说："蒙古的阿鲁台太师老了，一切事务不景气。他们的座位变了，欲

①阿鲁台太师——原名叫沃德勒忽，卫拉特四部曾俘获他，被粪筐扣压而得此名。

②脱欢——卫拉特四部绰罗斯氏人，原名巴忽木。阿鲁台太师俘获他，用锅扣压他而被称此名。

望已经满足了。将朝廷重臣放逐于外，听任孩童之意见。让见识浅薄的人主持朝政，由驽马冲锋战场。让叛降的乞塔惕奴才掌事，用背水的壶盛酒，把他们看成上宾。把战马用在家里，歧视自己的忠臣。恰似变成了无主的国家，无母畜的畜群。”于是，四万户瓦剌立即出兵讨伐阿台可汗，俘虏了他。阿台可汗在位十四年，于甲寅年（公元 1434 年）四十岁时被脱欢太师所害。

阿台可汗有太松[①]、阿黑巴儿只[②]、满都鲁三子。其中的大太子太松生于丁酉年（公元 1417 年）。十八岁甲寅年即位。太松可汗、阿黑巴儿只（有的史书称其为哥哥，多数蒙古文史书则称其为太松可汗的弟弟。如果是哥哥，是为满都鲁可汗的哥哥）二人欲报父仇，约定出兵征讨瓦剌于明安合喇之地。瓦剌先到达约定地点，派遣也先太师[③]、阿卜杜剌彻辰、阿剌黑铁木儿、

①太松——蒙古北元第十一代可汗（公元 1439—1452 年）。本名脱脱不花，太松为岱宗，是可汗号。

②阿黑巴儿只——又作“阿嘎巴尔津”或“济农”。蒙古北元第十二代可汗（1452 年）。因一件小事与其兄反目，与卫拉特也先太师合谋，反叛夺取汗位。不久被也先逼死。

③也先太师——脱欢之子，脱欢太师死后的卫拉特联盟盟主。开始之时侍奉蒙古北元岱宗可汗脱脱不花，共同对敌。公元 1449 年活捉明英宗朱祁镇，使蒙明关系出现了转折。是蒙古北元又一位异姓可汗（公元 1452—1454 年），排第十三代。

·窝阔台汗登基典礼·

哈丹铁木儿等诸太师为使臣，请求“和好”。敖汉部撒达克钦彻辰说：“上天赐予的良机！我们趁此机会先灭这些太师，再讨伐瓦剌吧！”可是，可汗与济农（阿黑巴儿只）未准。朝图哈儿忽出黑[①]支持彻辰的提议，结果，可汗与济农又斥责了他。

之后，可汗、济农二位共同征讨瓦剌，打了胜仗[②]。瓦剌请求投降。当天晚上，可汗与济农听信名叫伊纳克察可汗的人的谗

①朝图哈儿忽出黑——“朝图”是蒙古语，意思是“名声远扬的”，哈儿忽出黑台吉的绰号。是蒙古北元中兴之主达延可汗巴图孟和的祖父。

②可汗、济农……打了胜仗——这里指的是明安合喇之战。上文所说的科尔沁锡古苏台巴特尔与贵邻赤巴特尔之间的厮杀就发生在这次战斗中。

言而产生矛盾，阿卜杜剌彻辰对瓦剌首领们说：“听说阿黑巴儿只济农是个愚蠢的人，他的儿子朝图哈儿忽出黑不在的话，我去对付他”。说罢，连夜赶到阿黑巴儿只济农身边，说：“你的哥哥认为你愚蠢而小瞧你。他收拾完我们之后，该收拾的就是你啦！不如我们推举你为可汗！”济农说：“那是真的，我哥说我是愚蠢的？我也不把可汗看成我的哥哥！”之后，答应说：“要与瓦剌和好！”。朝图哈儿忽出黑听到这些，急忙找到父亲说：“抑制异己者难成器，抑制内部者[①]易成事。抑制亲族者难成器，抑制乌麦者易成事。在上的人变成在下，在上首的变成末尾。这是最难啊！”苦苦劝阻父亲。可济农不听劝，率领鄂尔多斯、土默特叛离了可汗，与瓦剌合兵，征讨太松可汗。可汗抵不过，带少数那可儿奔克鲁伦河而去。郭尔罗斯的沙不丹见可汗到来，记仇说：“以前你不是抛弃我的女儿了吗？”[②]遂一起抓住了伊里、惕里[③]二位儿子和阿噶孛罗特、德

①内部者——蒙古文称“抑制乌麦者”，“乌麦”是蒙古语，是指女子生殖器，这是古代蒙古语谕指的一种习惯，以此谕指内部之意。

②沙不丹的女儿——郭尔罗斯部沙不丹的女儿名叫“阿拉坦嘎娜”，以前是岱宗可汗的哈屯。因与塔拉沁部名叫哈勒查孜的男子有染而被太松可汗惩罚，赶回了娘家。

③惕里——贾敬颜、珠荣嘎汉译《黄金史纲》里作“答里”。

·烟荷包·

古孛罗特[①]二位大臣。太松可汗在位十五年，于戊辰年（公元1488年）被郭尔罗斯[②]的沙不丹所害。

当夜，们都乌儿鲁克因马的嘶鸣而发觉，急忙查看可汗的下落，得知沙不丹害死了可汗。便抓住他，就地正法。

遂瓦剌部举行会盟，互相谈论说：“不顾及自己亲族与朝政的济农，能爱护我们吗？折断了自己骨头与名声的济农，能衬托我们的骨头与名声吗？往自己香火上泼水[③]的济农，能为我们的火灶里加油吗？”遂设下圈套，对济农说：“我们曾经许下推

①德古孛罗特——贾敬颜、珠荣嘎汉译《黄金史纲》里作“巴嘎博力特”。

②郭尔罗斯——古老的蒙古部落，《蒙古秘史》作“豁罗剌思”，是嫩科尔沁十旗之一，也就是当今吉林省松原市前郭尔罗斯蒙古族自治县和肇源县、肇东市、肇州县的原籍民。

③香火上泼水——这是蒙古人古老的忌讳习惯，往香火上泼水等于自灭家族。

举济农为可汗的愿望，如今将兑现。”邀请济农及其他亲戚、大臣们到大帐。在帐篷底下，事先挖好了深坑。设计杀了以济农为首的三十三位花翎官、四十四位缨穗官、六十一位擎旗官。

·元成宗·

朝图哈儿忽出黑、纳哈出[①]（有的史书称吉囊哈剌忽图齐）二人出逃时，瓦剌部锡里屏、巴特尔青灵二人率领三十名好汉追赶到翁衮乃哈卜察海之地，将二人围困了起来。巴特尔青灵身穿三层铠甲，排成一列赶来时，朝图哈儿忽出黑用解锥箭[②]射透了他，剩下的

---

①纳哈出——有的书作“吉囊纳哈出”，有的书作“额里业纳哈出”或“阿里雅纳哈出”。由于此人不但聪明过人，而且行动敏捷，所以，赢得了如上绰号。“吉囊”为“智囊”的谐音；“额里业”为蒙古语，指的是鹰隼；“阿里雅”也是蒙古语，意思是“淘气”。

②解锥箭——蒙古文作“斡忽难朱鲁忽”，一种杀伤力很强的箭的名字。

JLQF

人不敢前来，远远地围困到深夜。纳哈出绕过围困的人，偷来了线脸沙毛马和飘骟银合马。二人各骑一匹马，认为：“托克玛克的可汗是拙赤的后裔，是我们的骨

·元代蒙古军队使用的大刀匕首·

肉”而奔去。托克玛克的阿哈蒙哥伯颜迎接他们，留他们住在自己家里。纳哈出对朝图哈儿忽出黑说：“我想办法去瓦剌把您的齐齐格哈屯接来。您小心隐瞒自己的贵族身份和好汉本质！”遂奔回瓦剌。在此期间，阿哈蒙哥伯颜的弟弟鄂晒蒙克因嫉妒而设法害死了朝图哈儿忽出黑。纳哈出知道后，跑到萨木儿公主身边，对瓦剌人撒谎说：“我把朝图哈儿忽出黑杀死之后，夺来了他的飘骟银合马！”

齐齐格哈屯离别朝图哈儿忽出黑台吉之时，已有七个月的身孕。生下这孩子后，她一直隐瞒以自己的父亲也先为首的瓦剌人。后来，送到萨木儿公主身边，公主为他起名“巴彦蒙克”，转交给察哈尔部忽拉巴

惕鄂托克[1]的鄂兑老人。鄂兑老人把自己的姑娘放到摇车里，对前来搜查的瓦剌人撒谎说："是个姑娘"，这样又渡过了一次劫难。

瓦剌的斡歌歹巴特尔私下抱怨道："我虽然曾经十三次冲锋陷阵，可我的诺颜总是不喜欢我！"纳哈出得知这个情况后，对他说："如果你想当一个大达尔罕，朝图哈儿忽出黑台吉与齐齐格拜姬所生的孩子现已三岁。你把他送到蒙古，这样从您开始，子子辈辈都会成为达尔罕[2]！"斡歌歹巴特尔向公主拜姬告别之后，带领哈喇嗔的孛来太师、翁吉剌惕的叁达里大傅、萨尔塔兀勒的巴彦台、阿拉忽[3]四人一起直奔东蒙古而去。瓦剌人与纳哈出追赶他们，瓦剌人给纳哈出骑上好马说："你如果能够把那个孩子抢回来的话，给你赏赐众多的奴隶和马群！"纳哈出赶上他们时，他们扔下孩子，自顾逃命去了。纳哈出用箭头挑起孩子，

①察哈尔忽拉巴惕鄂托克——察哈尔部的忽拉巴惕鄂托克又作浩里博图鄂托克，是古老的察哈尔八部之一。

②达尔罕——又作"达拉可汗"。成吉思可汗时期，曾经解救可汗本身或其至亲的功臣可受此荣誉。成为达尔罕者，可以把乘骑拴在可汗的拴马绳上，可以身带兵器进入可汗大帐，可以与可汗同桌饮酒，可以自由选择牧场，九罪不罚等特权。这一职权一直沿袭到蒙古北元时期。

③阿拉忽——是"阿哈拉忽"的缩写。蒙古语意思是"为首者"。

赶上拼命逃窜的人们说："你们扔下了他，去东蒙古干什么啊？"于是假装对射一阵子，纳哈出佯败而退下了阵。他们四位把巴彦蒙克送给了兀良哈的呼图克锡固实等人。巴彦蒙克长大后，锡固实把自己名叫失乞儿的姑娘嫁给了他，叫他当了诺颜。

脱欢太师[①]打败了太松可汗与阿黑巴儿只济农，扩张了野心，欲占据蒙古可汗位，大摆宴席。宴席上喝醉了酒，骑上马，撞击成吉思可汗的八白室说："你是男子汉圣主的儿子，我是索岱哈屯的儿子！"圣主的苏勒德箭射中了他，他的口鼻流血而死。

之后，其子也先太师在瓦剌蒙古称可汗。占领了水滨的三万主儿扯惕（女真）。又掳得乞塔惕明朝的

①脱欢太师——卫拉特部绰罗斯氏，其父亲叫马哈木，明永乐皇帝封其为顺宁王。马哈木死后，其子脱欢袭位称顺宁王。大约公元1434年，脱欢打败阿岱可汗，欲称蒙古北元可汗，而"圣主成吉思可汗之灵位发怒，杀死了他"。由其子也先承袭太师，拥戴岱宗可汗脱脱不花。在这里，把打败岱宗可汗与阿黑巴儿只济农说成是脱欢太师，是错误，这是公元1452年的事情，所以是也先太师所为。本书将脱欢称汗的举动和也先称汗的过程混淆在一起了。

正统皇帝[1]，而隐瞒其母亲。因为名叫锁尔逊[2]的人告知此事于其母亲，也先就杀死了他。后征讨托克玛克，纳哈出先到托克玛克，掠获很多马群给也先。也先惊奇他的行动之快速，言道："不是人，而是阿里雅"，从此，纳哈出被称为"阿里雅纳哈出"。

瓦剌部右翼的阿剌黑铁木儿青桑和左翼的哈丹铁木儿去见也先说："也先你已经成可汗，把太师职衔给我们吧！"也先回答："我把太师职衔已经给我的儿子了！"他们不服气地说："在阿剌黑铁木儿的勇敢，哈丹铁木儿的执着，阿卜杜剌彻辰的智谋下，你占领了瓦剌和东蒙古！这不是你一个人的力量！"遂举兵讨伐也先可汗。也先被打败，逃出去遇到与之有

①乞塔惕明朝的正统皇帝——这里指的是明英宗朱祁镇被也先太师俘获的事件。此时发生在公元1449年，因为在土木堡之地发生的，所以，史称"土木堡事变"。也先太师率领的2万卫拉特轻骑在北京西土木堡之地包围了明英宗朱祁镇率领的50万大军，一举消灭了明朝军队并俘虏了明英宗。

②锁尔逊——有书称其为"搏阔索尔逊"，是也先太师手下的一名摔跤手，他因为泄露了也先太师下令保密的要事，而被也先太师处死。

仇的锁尔逊之子博衮。博衮杀死也先太师为父亲报仇，并把他的头颅悬挂到山坡路旁的树上。（乞塔惕正统皇帝在瓦剌滞留时期所生的儿子为阿速惕部的塔勒毕塔布囊。如今不知是谁，把正统皇帝复送给了乞塔惕）瓦剌太师们因为折磨了黄金家族的诸可汗和大国乞塔惕的正统皇帝，所以，瓦剌民众与牲畜遭到了灾祸与磨难。

之后，岱宗可汗的小哈屯萨木儿太后所生的马儿苦儿吉思和沙不丹的外甥摩伦台吉二位。当其中的马儿苦儿吉思七岁的时候，其母亲萨木儿太后听说也先被杀死的消息，遂领兵征讨收服四瓦剌部。于戊辰年七岁的时候，其母亲辅佐他登基。（明人）称马儿苦

·元人画作中的怯薛军·

儿吉思为“小王子”[1]。翌年，八岁的己巳年，被哈赤温的后裔朵豁郎台吉杀害。

之后，谦只兀的坦塔尔大傅、郭尔罗斯的莫勒台

·元武宗·

二人把养在沙不丹家里的摩伦[2]台吉送了回来。在此之前，蒙古大众推举阿巴嘎部的毛里孩济农为可汗。毛里孩说：“可汗不是没有嫡子。我要是称可汗的话，对我和我的子孙都没有好处！”之后，毛里孩济农请摩伦可汗骑上自己名叫赛音花的骏马，插上金质金刚

①马儿苦儿吉思——岱宗可汗脱脱不花的儿子，蒙古北元第十四代可汗（公元 1454—1456 年）。汉文文献称其为“小王子”。本书记载的时间与史实有出入。

②摩伦——马儿苦儿吉思可汗的弟弟。

·元仁宗·

杵，当他七岁己巳年（公元 1449 年）登上了可汗之位。

之后，有鄂尔多斯（有的史书上称苏隆哈斯）的孟克、哈丹不花对可汗进谗言，挑拨与毛里孩济农之间的关系。摩伦可汗听信谗言，率兵讨伐毛里孩济农。毛里孩济农得知此事，向上天献祭祷告说：“天尊和圣主英灵明鉴！我本对您的嫡子做好事，而他对我怀恶念！”遂举兵反击，抓住可汗。磨伦可汗在位十一年，于己卯年（公元 1459 年）被毛里孩济农杀害，无嗣。

阿台可汗的瓦剌哈屯所生的满都鲁[①]台吉生于癸卯年，于三十七岁的己卯年即位，娶土默特部恩古特氏苏鲁斯拜（绰罗斯拜——译者）铁木儿青桑[②]的女儿赛音满都海[③]为哈屯。

为报马儿苦儿吉思可汗之仇，依法惩办了哈赤温[④]的后裔朵豁郎台吉。

瓦剌的卫冒敦之子斡歌歹巴特尔等人将巴彦蒙克与其哈屯失乞儿送到其祖父满都鲁可汗身边。满都鲁可汗喜出望外，宠爱称巴彦蒙克为“孛罗特忽济农”，

·蒙古族剪纸·蒙古舞·

①满都鲁——蒙古北元第十六代可汗（公元1462—1467年）。

②恩古特氏苏鲁斯拜铁木儿青桑——是汪古惕氏绰罗斯巴彦特木儿丞相的谐音，满都海彻辰哈屯的父亲。看来她还是卫拉特四部出身的人。

③赛因满都海——多处称“满都海彻辰哈屯”。“赛因”为蒙古语，意思是“好”或“上等”。达延可汗巴图蒙克举行政治改革，将异姓权臣的青桑、太师之职削去之后，黄金家族被称为“台吉”。黄金家族以外的异姓家族出现了上、中、下三个等级。上等人又被称为“赛音”，中等人被称为“端达”，下等人被称为“阿达克”人，总体上被称为“哈喇出”。

④哈赤温——成吉思可汗三弟，《蒙古秘史》称“哈齐忽”，翁牛特部的始祖。因为此人逝世早，所以分得的也相对较少。

赐封从瓦剌护送巴彦蒙克的四人为世袭达尔罕。

满都鲁可汗和孛罗特忽济农①二人以六万户蒙古大众之力扶助圣主后裔，亦思马因太师派遣名叫洪忽赉

·元世祖忽必烈与大元帝师八思巴像·

的人，在可汗与济农之间进行挑拨离间。可汗听信谗言，

---

①孛罗特忽济农——此人是蒙古北元第十七代可汗（公元1467—1470）。“孛罗特忽”为其封号，不多见。济农，汉语“晋王”的谐音，是可汗派往蒙古地区，主管蒙古地区的诸王，始于大元时代的噶玛喇。

举兵讨伐济农。济农逃到德勒苏台之地避难。

失乞儿哈屯所生儿子名为巴图蒙克[①]，寄养在名叫巴海的人家。亦思马因太师强娶了失乞儿哈屯。

满都鲁可汗在位五年，于四十二岁癸未年（公元1463年）去世，无嗣。

当年，巴彦蒙克孛罗特忽济农即位，在位四年之际，瓦剌部的亦思马因太师袭击了他。孛罗特忽济农被打败，逃出去被永谢布五鄂托克的柯立叶、查可汗铁木儿、蒙克等人活捉。四年后，丙戌年（公元1466年）（有的史书称其在位一年）被秃头柯立叶所害。

黄金家族唯一的嫡子巴图蒙克在巴海家受尽了折磨。得知这个情况后，唐拉嘎尔（唐古特）人图勒格尔（脱列格赤）的儿子铁木儿哈丹[②]兄弟七人从巴海手里将巴彦蒙克抢了回去。七岁时，巴彦蒙克患了痞疾[③]，铁木儿哈丹的妻子用白骆驼的乳汁医治，治好了病，送到赛因满都海哈屯手里。

---

①巴图蒙克——蒙古北元朝中兴之主达延可汗的名讳，是第十八代可汗（公元1470—1517年）。

②唐拉嘎尔人铁木儿哈丹——多数地方作“唐兀惕人特穆尔哈达克”。

③痞疾——蒙古文文献作“bom”或“bitegi”病，意思是肿瘤。铁木儿哈丹的妻子用白骆驼乳汁医治好了他的病。可能是蒙古地区民间的一种秘方。

科尔沁的诺颜巴特尔·锡古苏台的异母弟之子诺颜孛罗特[1]（乌嫩孛罗特）济农，去见赛因满都海哈屯说：“为您指路！”

赛因满都海哈屯于丁亥年三十三岁时，带着巴图蒙克到成吉思可汗八白室前，叫蒙克伊拉忽[2]的人献祭，赛因满都海哈屯发誓说：

“按规矩应在黑白不辨之地[3]行儿媳之礼

因可汗[4]后裔巴图蒙克幼小

合撒儿后裔诺颜孛罗特济农欲娶时

才来到可汗父亲和哈屯母亲宫室前

要等待您们的嫡子巴图蒙克我以虔诚的信念叩拜而发誓

祈求您为我赐给七个儿子

---

①诺颜孛罗特济农——合撒儿后裔科尔沁部首领。有的书称“乌嫩孛罗特”，有的称“乌讷孛罗特”，称其为“济农”的史书不多。

②蒙克伊拉忽——其他史书作“蒙根伊拉忽”。

③黑白不辨之地——蒙古萨满教不像佛教把人生解释为前世、此生、来世三部，而把宇宙看作虚无和真实两个世界。人生在世为真实世界，死后为虚无冥界。又将两个世界彼此说成“黑白不辨之地”。满都海彻辰时期，正是蒙古地区佛教走入低谷的阶段，所以，她祈祷说出了这些话。

④可汗——这里指的是成吉思可汗。同样，这首诗中的“哈屯”，指的是孛儿帖哈屯。

还祈求为我赐给独生女儿
若有了七儿子均起名为“孛罗特[1]”
守护您的香火
惩治大逆凶残之辈
保护您的朝政！”

如此发誓祈祷，并在八白室前祝福巴图蒙克：“其生命坚固，朝政永恒，行为高尚，成为大元[2]的可汗！”而称其为赛音“达延可汗”，即蒙古可汗大位。达延可汗生于辛巳年（公元1461年），七岁时丁亥年（公元1467年），在八白室前即可汗位。

赛因满都海哈屯率大军讨伐叛逆朝廷的四部瓦剌，在塔斯布尔图之地，征服而颁布禁令：

“房舍不可称为鄂尔多，称斡尔格[3]；

JLQF

①孛罗特——“孛罗特”是蒙古语，是指钢铁。喻示其孩子们的生命如钢铁般坚硬、结实。

②大元——中国历史上的大元朝是蒙古人创建的国家，也是世界历史上版图最大并且民族最多的国家。蒙古人以此为荣。在他们的语言中形成了“dayang”“dayagar”等谐音词。“达延可汗”就是希望他能够恢复大元时代的荣耀的意思。

③此条法令旨在告诉“瓦剌部不许与朝廷分庭抗礼，它是全体蒙古不可分割的一部”。

帽缨不得高于二指[①]；

不许盘腿，屈膝跪[②]；

吃肉不许用刀，用嘴啃[③]；

酸奶子称策格[④]”。

瓦剌人请求吃肉时用刀，哈屯允准。

赛音达延可汗长大成人之后，平定那些残杀亲族，叛逆无道的瓦剌、永谢布、土默特、鄂尔多斯等图们[⑤]，依法惩治了恶贯满盈的柯立叶、赛罕、蒙古勒津的多郭楞巴特尔斡格勒该、瓦剌的亦思马因太师、畏兀的

---

①此条法令旨在告诉“瓦剌部不许趾高气扬，必须承认自己是成吉思可汗黄金家族的属民”。

②此条法令旨在告诉“瓦剌部不是全体蒙古的主子，而应该承认成吉思可汗黄金家族是主子”。

③此条法令意在告诉“瓦剌部因其屡次反叛，做下了非人的罪恶。定下这一条列，以示警诫”。

④此条法令旨在消除瓦剌四部与东蒙古之间出现的分歧。

⑤图们——“图们”是蒙古语，意思是“一万”，在历史上表示“万户”。达延可汗实行政治改革，将自己属辖除科尔沁与瓦剌二部之外的北元境内全体人民划分成六个图们。即右翼鄂尔多斯图们、土默特图们、永谢布图们三图们以鄂尔多斯为中心，由洪台吉济农管理；左翼察哈尔图们、哈拉哈图们、兀良哈图们三图们以察哈尔为中心，由北元可汗直接管理。左右六个图们均受可汗统辖。这六个图们的设立，是清朝时期盟旗制的基础，也可以说至今沿袭下来的盟旗——市（盟）县（旗）制的前身。

别格儿先太师[①]、亦卜剌太师[②]、鄂尔多斯的玲古锡[③]，土默特的赛音和硕、班巴海失固实、忽达勒齐洪忽来等人。

赐封曾经立下功劳的巴特尔齐格沁、巴克逊塔布囊[④]、锡古散、阿拉琥[⑤]为首的众多文武将相为达尔罕。将赛因满都海哈屯所生的格根公主赐嫁给兀良哈的巴克逊塔布囊。使六个图们蒙古大众安居乐业，守护圣主可汗的江山稳如须弥山。有效治理了混乱无序的六个图们[⑥]。赏所有立下功劳的文武大臣，修正法律法规。

①别格儿先太师——其他蒙古文文献作“帕吉阿斯兰”或“帕加斯兰”。

②亦卜剌太师——其他蒙古文文献作“伊巴赖太师”。

③玲古锡——其他蒙古文文献作“勒古锡”。

④巴克逊塔布囊——其他蒙古文文献作“巴嘎孙塔布囊”。“塔布囊”是蒙古语，意思是五王。大元时代的“五投下”：札剌亦儿、亦乞剌思、翁吉剌惕、兀鲁兀惕、忙兀惕。后来引申为“驸马”。

⑤阿拉琥——阿哈拉忽的缩写。

⑥有效治理了混乱无序的六个图们——达延可汗政治改革之后，社会混乱无序的情况得到了治理。

惩治了曾经叛乱的瓦剌和厄鲁特。承天命即可汗大位的巴图蒙克赛音达延可汗，以普天下的大可汗的威名远扬四海。圣主的独苗，长生天赐给了他十一个儿子，直到三十八岁成就了平安幸福。

瓦剌、厄鲁特曾经折磨过圣主的后裔；诺颜博孛罗特王也曾想要占据香火；可是赛因满都海以一颗赤诚的心，守护圣主宏伟大业，辅佐可汗承袭了大统。从此达延可汗一个人分支的子孙遍布各地，他们成就大业，扶助政教，光宗耀祖。

自妥懽帖睦尔可汗到达延可汗共十六位可汗[①]。达延可汗于四十四岁甲子年（公元1504年）去世，明朝皇帝[②]十七年。

达延可汗与赛因满都海哈屯有图鲁孛罗特、乌鲁斯孛罗特双胞胎，巴儿速孛罗特、阿尔斯孛罗特双胞胎，纳剌出孛罗特、鄂齐尔孛罗特双胞胎，阿勒孛罗特（有的史书称阿勒博勒呼拉）、格根公主双胞胎；瓦剌郝吉格尔的女儿固赛（顾实）哈屯生[③]的格鲁迪、青台吉，兀鲁[④]的斡罗出少师之女只米思干哈屯[⑤]生的格列孛罗特、格列山只二人，共有十一个儿子和一个女儿。其中的乌鲁斯孛罗特与格鲁迪二人无嗣。

长子图鲁孛罗特受命安抚右翼三图们乌梁海[⑥]、土默特、喀喇沁[⑦]、蒙古勒津、畏兀特[⑧]的内乱，将他们领到八白室前，但他们没有和好。反而由于畏兀特的亦卜剌太师、鄂尔多斯的玲古锡、土默特的赛音和硕和班巴海失固实等人不服，群起自相残杀。后来，达

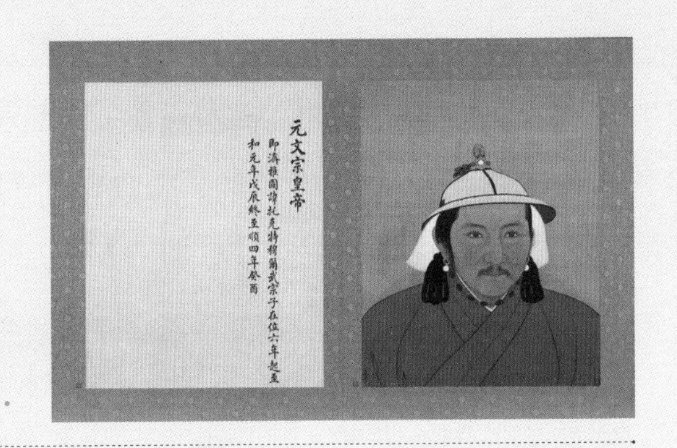

·元文宗·

①十六位可汗——按本书的说法，去掉两位异姓可汗，就剩下十六位可汗了。

②明朝皇帝——明朝弘治十七年。这是公元 1504 年。《蒙古源流》称公元 1517 年。

③固赛哈屯——《黄金史》与《恒河之流》称作“固赛”；《阿萨拉克齐氏的历史》与《大黄册》作“卫拉特可列秃头之女固赛”；《蒙古源流》作“卫拉特巴图特氏蒙哥来之女固赛”。

④兀鲁——是“兀鲁兀惕”的异写。

⑤只米思干哈屯——《黄金史》作“兀梁可汗部胡图克西古稀孙女萨穆尔”，《大黄册》与《阿萨拉克齐氏的历史》作“斡日忽惕部斡如赤西古稀之女吉米斯津”，《蒙古源流》作“札剌亦儿胡图克西古稀之女苏米尔”，《恒河之流》作“萨穆尔”。

⑥乌梁海——古老的蒙古部落之一，有作“兀梁可汗”“乌梁海”“沃良安”等多种。是达延可汗巴图蒙克的左翼图们之一，这里称其为“右翼”是错误的。

⑦喀喇沁——古老的蒙古部落之一。其起源为元代阿速特、北元永谢布、乌梁海等。

⑧蒙古勒津、畏兀特——“蒙古勒津”与“畏兀特”均为古老的蒙古部落。

延可汗依法惩处了他们。

图鲁孛罗特的儿子不地阿剌黑、阿明（也米里）二人年幼，巴儿速孛罗特[1]执政一个月而逝世。阿尔斯孛罗特准备继承可汗之位[2]时，左翼三万户起兵称：“你无理！”赶走了他。

不地阿剌黑[3]皇太子生于戊午年，八岁己丑年于八白室前即位。在位四十三年，于五十岁丁未年（公元1547年）去世。

·元宁宗·

阿剌黑可汗[4]的百岁察可汗章囊囊[5]太后所生打来

①巴儿速孛罗特——达延可汗的三子，在鄂尔多斯当济农。公元1517年，达延可汗巴图蒙克将可汗位禅让给他。是蒙古北元第十九代可汗（公元1517—1519年）。

②阿尔斯孛罗特特准备继承可汗——这种信息不多见。不地阿剌黑可汗从巴儿速孛罗特手里接可汗位。

③不地阿剌黑——北元第二十位可汗（公元1520—1547年）。

④阿剌黑可汗——指的是不地阿剌黑可汗。

⑤囊囊——汉语“娘娘”的谐音。古代蒙古语称“皇后”为“娘娘”。

孙库登[①]、可可出台墨尔根、汪兀都剌三人；东宫钟金哈屯所生诺木图、贡图五个儿子。其中的打来孙库登生于庚辰年（公元1520年），三十一岁庚戌年（公元1550年）在八白室前即位，巴儿速孛罗特济农的次子阿勒坦格根说：“您已称可汗，请赐我辅佐朝政的小可汗称号！”，打来孙库登可汗允准，赐给阿勒坦格根索多可汗[②]的称号。

·虎神挂饰·

打来孙库登可汗时期，玉宇稳定，臣宰安乐，六

①打来孙库登——其他蒙古文文献作“岱宗忽丹”，蒙古北元第二十一代可汗（公元1548—1557年）。

②索多可汗——其他蒙古文文献有作“苏图”“希图”“图西”等多种。应该是传统的“希图”。

个万户大众安居乐业。在位八年，丁巳年（公元1557年）逝世，享年三十八岁。

打来孙库登可汗有图们[1]、忠图都剌勒、巴噶达尔罕三子。其中的图们太子生于己亥年（公元1539年），二十岁戊午年（公元1558年）即位。聘请噶鲁派喇嘛为国师。他把六万户分为左右两翼，并让左翼三图们察哈尔的纳木岱洪台吉[2]、哈拉哈的苏巴迪卫征[3]、永谢布的博迪达拉洪台吉[4]；右翼三图们鄂尔多斯的呼图克台彻辰洪台吉、乌梁海[5]的阿速特诺木达剌达尔罕豁喇齐、土默特的诺木岱楚勒库洪台吉[6]六人执政。他因此被称为图们札萨克图可汗[7]，而名扬天下。为报昔日之仇，他征伐乞塔惕国，占领了部分地区[8]。结断弦，救亡国，秉政三十五年，于五十四岁壬辰年（公元1592年）去世（万历二年——译者）。

图们札萨克图可汗三位哈屯生有布延彻辰宰桑、洪果尔宰桑豁尔、恩克白桑豁尔、宰桑莽瑚卫征、额叁、锁米歹昌、博迪、巴拜萨哈剌木、桑噶尔杰都棱等十个儿子。其中的大太子布延彻辰可汗[9]生于乙卯年（公元1555年），三十九岁癸巳（1593年）即位。掌握传国玉玺，扶正朝纲，使国家兴旺发达，宣扬宗教，以布延达延彻辰可汗扬名于世。征讨乞塔惕国，惩罚叛逆者，以“圣主之儿子”而扬名。在位十一年，四十九岁癸卯年（公元1603年）去世（自宰桑豁尔以下十三个人的世袭不明确，在史书中无记载）。

布延彻辰可汗有莽古斯墨尔根台吉、茂乞塔特敖

①图们——蒙古北元第二十二代可汗（公元 1558—1592 年）。

②察哈尔的纳木岱洪台吉——其他蒙古文文献作“阿木岱洪台吉”。

③哈拉哈的苏巴迪卫征——其他蒙古文文献作“苏八迪卫征”。

④永谢布的博迪达拉洪台吉——其他蒙古文文献作“博迪达喇洪台吉”。

⑤乌梁海——这里应该为永谢布。

⑥土默特的诺木岱楚勒库洪台吉——其他蒙古文文献作“扯力克洪台吉”。

⑦札萨克图可汗——图们札萨克图可汗从六个图们各抽一名有影响的洪台吉组成联合政府，这是历史事实。这充分暴露了当时北元汗廷中央集权已被削弱的现实。自从 1578 年“仰华寺大会”上土默特阿勒坦汗请索南嘉措会晤，索南嘉措赐封阿勒坦“转金千轮咱卡拉瓦尔第彻辰可汗”之号，阿勒坦可汗赐封索南嘉措“圣识一切瓦齐尔达喇达赖喇嘛”尊号。从此，蒙古北元六图们之主纷纷向达赖喇嘛讨封“可汗”号。一个可汗掌权，权出一门；六个可汗争立，权力分散。北元汗廷中央集权土崩瓦解。针对这种情况，图们可汗采取了“联合执政”的策略，被称为札萨克图可汗。此事在历史上一目了然。可是因为蒙古社会舆论工具始终被藏传佛教格鲁派所掌握，他们偏袒本宗教传播过程中的这一关键环节，迟迟得不到真正客观的答案。

⑧关于图们札萨克图可汗征伐明朝边境之事，《明史》三二七卷《鞑靼传》有记载。

⑨布延彻辰可汗——蒙古北元第二十三代可汗（公元 1593—1603 年）。

特根台吉二子。莽古斯台吉先于其父逝世。

其子林丹[①]可汗生于壬辰年（公元1592年），十三岁甲辰年（公元1604年）即位。他将八鄂托克察哈尔图们分成左右三个万户，在名叫阿巴嘎喀喇的山上建立起察罕城，手握六万雄兵，扶正朝纲。拜迈达里诺门汗余格杂哩[②]为国师，扶助宗教，受密宗金刚持戒；二十六岁又从萨思嘉锡拉卜丹赞呼图克图[③]受密宗金刚及金刚数珠持戒，被称为瓦齐尔达拉呼图克图喇嘛[④]（即转金轮可汗——译者）。并建金顶白墙庙宇，塑起释迦牟尼佛尊为首的诸多佛尊像；命以贡嘎奥德斯尔为首的三十三位固什[⑤]用金字缮写，蒙译《甘珠尔经》。

---

①林丹——蒙古北元第二十四代可汗（公元1604—1634年）。

②迈达里诺门汗余格杂哩——《大黄册》作“卓尼绰尔济”，《蒙古源流》作“锥绰尔济”，此人是四世达赖喇嘛云端嘉措在蒙古地方的全权代表，属格鲁派——黄教人士。

③萨思嘉锡拉卜丹赞呼图克图——其他蒙古文文献作“沙日巴丹津”。萨思嘉为红教人士。他是林丹可汗与顿月多吉、丹迥旺吉勒、朝克图台吉建立“扶红灭黄”“四人联盟”的积极倡导者。以此看，林丹可汗曾经崇捧过黄教，想得到他们的支持。可是，黄教没有支持他。所以才改信红教的。

④瓦齐尔达拉呼图克图喇嘛——即锡拉卜丹赞喇嘛的封号，汉文文献称“转金轮法王”。

⑤固什——汉语“国师”的谐音。

林丹可汗被称为呼图克图成吉思·大明彻辰·战胜各方的岱总·天之天·统治世界的赫尔穆斯塔·转金轮法王。聘请迈达哩诺门可汗鄂齐尔达喇锡喇布丹赞为师；召集以贡噶奥斯尔墨尔根满殊室利班第达固什；召集神圣的阿南达固什为首的诸多贤哲；委派却

·元英宗·

鲁斯塔布囊管理右翼三万户，委派锡尔瑚纳克都棱[1]管理左翼三万户；叫诺门阿尔斯兰为首的贤明大臣们治理朝廷；叫两位索多诺木为首的三百名英雄守护朝政；委派伊德尔阿尔斯兰、多伦奇达瑚为首的群臣执政。

林丹可汗推行政教并行政策，政教二道在发出朝阳般光芒之时，由于前世因果、宇宙的规律、时运的轮回，凡事到达极点则下坡，集聚之后要解散，（即位三十一年时，时运受劫，林丹可汗忽然贪杯毒酒）心灵被鬼魅占据[2]，在朝廷之内大动干戈，在亲戚之间大开杀戒，凡事无不错误，听不进实话，震动朝纲，折磨属民，朝廷动摇，属民受难。六图们失去了往日的和睦，贤明的将相受到排斥，忠诚的臣下被逐一驱散。并且折磨哈屯，驱逐国师，抛弃佛经。脱离六图

---

①锡尔呼纳克杜棱——本书作“苏尔呼纳斯杜棱”。

②由于前世因果……心灵被鬼魅占据——这段论述完全虚构，没有真凭实据，是一种迷惑人心的宣传方式。当时掌握社会舆论工具的黄教喇嘛们为了掩盖其宗教的迅速传播，对蒙古六图们封赐诸多“可汗”，多树立中心，进而导致北元政治中心的瓦解的这一真相而制造的说法。

们，离开幸福的察罕城，合谋吐蕃特、哈拉哈的朝克图，欲消灭黄教而举行了大迁徙[1]。有缘的察哈尔图们虽然不愿看到这些，但无可奈何，只能跟随可汗而去。林丹可汗攻破阿勒坦格根可汗的政教基地，跨过黄河，到达锡拉塔拉之地，一路相安无事。四十三岁，乞塔惕明朝崇祯皇帝七年，甲戌年在锡拉塔拉去世。

林丹可汗的勒勒太后、苏台太后大小二位哈屯及额哲孔果尔、阿巴乃二位召集四处逃散的察哈尔遗民三千人，返回之时，无依无靠，心中悲凉。大家在八思巴喇嘛赠送的玛喀喇佛像前祈求祷告说："依靠何方能够安宁？"并称："明天一早佛像面向何方，我们就依靠哪个方向！"。第二天早晨一看，佛像面向东方。大家很高兴地说："早就听说神奇的大太宗圣主的威

---

①在朝廷内大动干戈……举行了大迁徙——这段论述片面指控林丹可汗统一六图们的行动，大造社会舆论，攻击林丹可汗"扶红灭黄"的举措。黄教喇嘛们的这种宣传在蒙古社会起到了相当有效的作用。很多学者大师至今尚未看清黄教传播过程中的这一重大问题。

名，我们应该去投靠他。”大家一致奔向穆格丹浩特（盛京——今沈阳市），把圣主的传国玉玺献给了他。圣主可汗大开恩泽，将两位哈屯纳为妃子。小哈屯生下了图藏大亲王。赏额哲孔果尔固伦公主，并封他为亲王。八位宰桑为首的察哈尔兀鲁思于顺治元年投靠清朝圣主太宗皇帝，受到丰厚的赏赐，并被授予职衔。

按玛哈茨纳书的记载，简要记叙传国玉玺的由来：

从前，秦始皇时代名叫李斯的大臣认出于世罕见的白色璋子玉石为宝贝，凿刻成大印，上刻“受命惴廷益寿忠常”八个字。从此，它就成了朝廷的标志，大吉之物。各个时代执政的诸多可汗一代接一代，掌握此大印。据说宋朝和明朝未曾得到此大印。在图帖睦尔可汗时期，木华黎的后裔颖金台吉得到此大印献给了可汗，可汗认出是宝物，受用了它[①]。从成吉思可汗到妥懽帖睦尔可汗的十六位力转时轮的可汗，之后，一直到林丹呼图克图可汗，他们都掌握着这方玉玺执政，共四百二十九年[②]。

之后，乞塔惕栋庆皇帝的老子得到了此大印。之后，长寿天命满殊室利博格达执政，消灭了老子，在举世大众的集会上宣扬威名，成了人间力转时轮的大可汗。

①在图帖睦尔……受用了它——这段话与上下句意思不合。

②四百二十九年——应该四百二十八年。

崇奉黄教，政教并行，祥和安乐。繁荣昌盛的六图们蒙古兀鲁思纷纷投靠并为其出力。于是，清朝博格达太宗圣主大发慈悲，将成吉思可汗全部子孙看成是贵宾，按旧规，分封为汗、王、贝勒、贝子、公、札萨克台吉等共八品，分别赐予职衔和俸禄。从此，各部于各自所分封的领地上祖祖辈辈受恩惠，享尽富贵荣华，企盼这种生活永恒不变，直到今天的第十三个甲午年一百二十一年。

可汗汗统的承袭古有规范的统计公式，如：妥懽帖睦尔之子昭宗皇帝必力克图可汗第十七[①]，兀思哈勒可汗第十八，恩克卓里克图可汗第十九，额勒伯克尼古埒苏克奇可汗第二十，坤帖木儿妥欢可汗二十一，兀雷铁木儿乌勒吉图可汗第二十二，答里巴可汗第二十三，斡亦剌台可汗第二十四，阿台可汗第二十五，太松可汗第二十六，马噶古儿乞乌忽格图可汗第二十七，摩伦可汗第二十八，岱宗可汗满都鲁可汗第二十九，巴彦蒙克博罗呼济农可汗第三十，巴图蒙克赛音达延可汗第三十一，成吉思可汗到达延可汗一共三十一位可汗。不地阿剌黑可汗第三十二，打来孙库登可汗第三十三，图们札萨克图可汗第三十四，

①必力克图可汗第十七——这里把窝阔台之子阔端也数为可汗之内，故多出一位可汗。

布延彻辰可汗第三十五，林丹呼图克可汗第三十六。直到林丹可汗共有二十位可汗。从成吉思可汗到呼图克图可汗共三十六位可汗[1]。

从成吉思可汗起以父子嫡系排列：圣主一，拖雷二，忽必烈彻辰可汗三，真金太子四，达尔玛巴拉五，海山忽鲁克六，忽斯勒呼图克图七，妥懽帖睦尔八，兀思哈勒九（有的说兀思哈勒之子哈儿忽出黑都棱台吉，其子阿斋台吉，其子恩巴尔津[2]），额勒伯克尼古埒苏克奇十，阿台十一，阿噶巴尔济济农十二，朝克图哈儿忽出黑台吉十三，博勒呼济农十四，赛音达延可汗十五，图鲁孛罗特十六，不地阿剌黑可汗十七，打来孙库登合汗十八，图们札萨克图可汗十九，布延彻辰可汗二十，莽古斯墨尔根台吉二十一，林丹呼图克图可汗二十二代（也速该可汗及其子孙拙赤、察合台、窝阔台、拖雷、贵由、蒙哥、忽必烈彻辰可汗为首的后裔之中，有的称王二三代，而他们的子孙后代现在在何处？姓名与部落有哪些？下落不明。据说在南方取姓敖）。

黄金家族诸可汗，统辖十万蒙古国[3]，稳坐二十位可汗之位，各自受享封爵原禄，扶持朝政与宗教。

本章叙述了从圣主成吉思可汗以下的三十六位可汗怎样辅佐政教的事情。

①三十六位可汗——大元十五位可汗加上北元（除妥懽帖睦尔可汗）二十三位可汗，共三十八位可汗。这里把乌格齐哈什哈和也先二位可汗没有算在内。蒙古族史学家们坚持的是“成吉思可汗黄金家族”的正统观，所以，把他们二人不算在蒙古汗庭的成员。

②恩巴尔津——其他蒙古文文献作“阿嘎巴尔津”。

③黄金家族诸可汗统辖十万蒙古国——这里出现的“十万蒙古国”，不是严格意义上的统计数字，是属于习惯用语。比如称北元时期的蒙古为“四十万”，瓦剌为“四万”，统称“杜钦杜尔边二部”，意思是“四十万蒙古语四部卫拉特”一样。还有，一些蒙古文文献将达延可汗巴图蒙克政治改革之后的北元称“六万”，这是达延可汗巴图蒙克进行改革，将自己的属民划分为左右两翼六个图们。这个图们，实际意义上是“六个万户”的表述，而不是六万人的意思。蒙古族历史上的“万户”，不是严格意义上的数字。例如，蒙古汗国刚成立时候，成吉思可汗分封开国功臣，实际点名八十八名千户长的名字，而称“九十五个千户”。其中模糊的七个千户长，是属于成吉思可汗女婿们的自主权，也可以称“自治权”。在“九十五个千户长”之上，只委派了左翼万户长札剌亦儿木华黎，右翼万户长阿鲁剌惕孛斡儿出，中心万户把阿林纳牙阿等三个万户长。如果要是九十五个万户为实际数字的话，最起码委派九个万户长或十个万户长。所以，这里出现的“十万”不是当时蒙古人的人口统计数字，只是蒙古人使用数词的特殊习惯，也是游牧民族使用数词的特殊现象，值得深究。

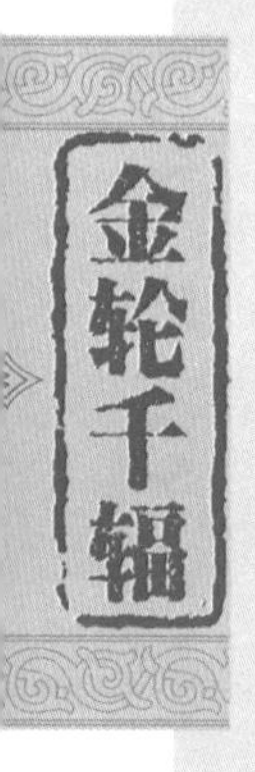

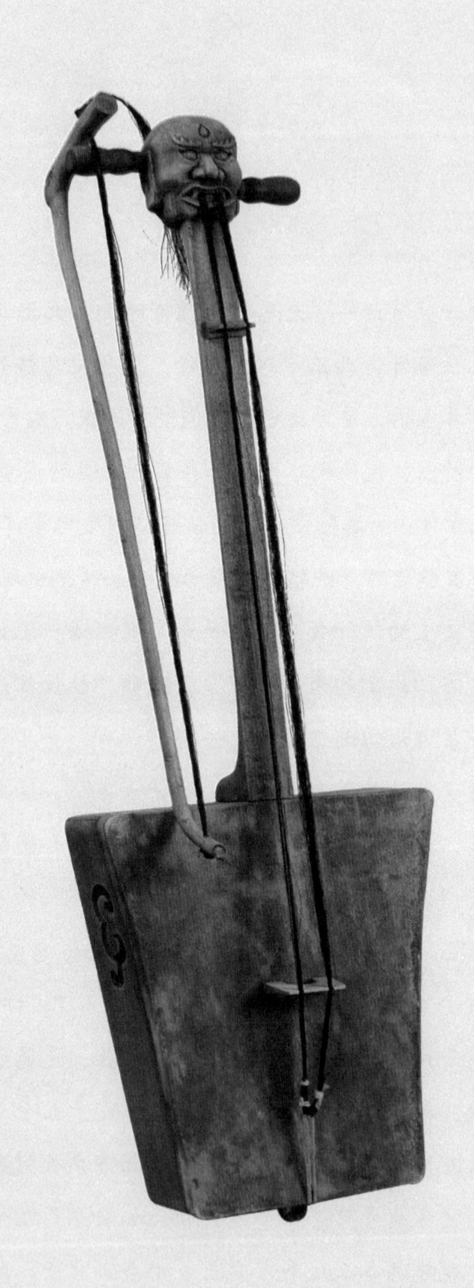

·潮尔·

第四册

记述圣主成吉思可汗系后裔巴图蒙克赛音达延可汗分支的各札萨克诺颜的世袭情况。

唯独赛音达延可汗执掌各自图们的九个儿子源流分出的各省诺颜，受承佛祖与上天之命降生的圣主太

·土默特部召河草原上的蒙古马·

祖太宗可汗[1]的恩惠，福禄旺盛，扶正政教，顺应天意，将国号称“大清”，并先后归附大清，其子孙均被封

·达延汗·

名号和爵位，世袭罔替[2]。

自满洲皇帝承制一统天下，安抚四海之内，崇奉无上的佛教。蒙古各贵族顺从了朝廷，安详平和地生活在政教合一的盛世。在各自所分封的领地上，遵循可汗的制度，享受优厚的待遇，安乐幸福。概述他们

①圣主太祖太宗可汗——上文出现的“太祖太宗”指的是成吉思可汗与窝阔台可汗，而这里指的是清太祖努尔哈赤与清太宗皇太极。

②封名号和爵位，世袭罔替——清朝政府对蒙古贵族采取了软硬兼施的怀柔政策。

的分支情况如下：

赛音达延可汗的长子名叫图鲁孛罗特，掌八鄂托克察哈尔兀鲁思，如今他的后裔是分布在察哈尔两个苏尼特、两个乌珠穆沁、两个浩齐特、敖汉、奈曼等九个旗的王公诸诺颜。他们的后裔分支为：

林丹呼图克图可汗的儿子额哲孔果尔额驸[①]和阿巴乃亲王二位；额哲孔果尔率领察哈尔兀鲁思归顺太宗皇帝，因此，被赐给了固伦公主，无嗣。他逝世后，阿巴乃亲王继婚公主。其子有布尔尼亲王和一等台吉罗布桑二位。阿巴乃亲王被革职软禁。布尔尼继承亲王爵位，后来不顾他人旭日之灿烂光辉，不觉自己被云雾遮住的夕阳，随着命中注定的厄运，逆着圣主浩荡的洪福，不享受安乐幸福，不安心统驭臣下，于二十五岁辛卯年（公元1651年）起兵反叛，被蹂躏于大军脚下。其弟罗布桑在其大舅哥科尔沁土谢图亲王沙津手中丧命，无嗣。所有臣下蹒跚而行，万绪基业均成为泡影。

长子茂奇塔特台吉之子土勒吉·安班实兀什台、阿术台吉二人。他们的后裔今在镶黄旗。与其为主体的察哈尔兀鲁思如今成为内八旗属辖，将浩齐特部的

①额驸——满洲语，指的是娶公主的驸马。

诺颜忠图都剌勒一支写在其中。

次子博第阿喇克可汗的次子占据两个苏尼特旗的库克齐台玛尔萨墨尔根，他的儿子是布尔海楚琥尔、布延诺颜、察鲁岱三人。布尔海的儿子塔巴海和硕齐，塔巴海之子腾极思玛尔萨王、腾极思台卫征达古里斯呼王、珲塔尔齐沁、别乞巴特尔四人。玛尔萨王之子萨玛迪王，萨玛迪王之子官色棱王，其子达木琳王，其子垂吉王，其子旺楚克王[①]，其子斯尔古楞王，其子阿尔塔什第王。

·阿勒坦汗雕像·

达古里斯呼王之子博木布贝勒，博木布贝勒之子索岱贝勒，索岱之子西哩贝勒，西哩之子甘珠尔贝勒、珲塔尔齐沁，其子额璘臣台吉。

别乞巴特尔之子博木布什。（他们是布尔海的后裔，是东苏尼特的诸诺颜）

①旺楚克——对照下文，将“旺春王”更正为“旺楚克”。

布延诺颜之子叟塞杜棱郡王，其子窝格岱杜棱郡王，其子阿玉什杜棱郡王，其子达尔扎布王，其子车凌多尔济郡王，其子车凌衮布王。（他们是布延彻辰的后裔，为右翼苏尼特的领主）统计其分支较难，故略。

博第阿喇克可汗的三子翁衮都喇勒诺颜掌管两个乌珠穆沁、鄂尔济古特、骡斯沁等部。翁衮都喇勒有六子：伊勒琥巴特尔、巴克塞冰图、拜斯噶勒额尔德尼（无嗣）、纳延泰伊勒登、章京达尔罕、多尔济彻辰济农。

伊勒琥巴特尔有色棱额尔德尼贝勒、乌勒吉图墨尔根岱青、恩克岱巴特尔、额尔克隆台吉、苏凌诺颜、萨本诺颜六子。

色棱额尔德尼贝勒之子额尔克奇塔特贝勒，其子茂里海贝勒兄弟八人。

茂里海贝勒之子博木布贝勒、博木布之子车布登贝勒兄弟三人。

车布登贝勒之子衮布贝勒，有嗣。

乌勒吉图墨尔根的儿子名衮楚克，其子达瓦，其子乌巴什、罗布桑二人。

恩克岱巴特尔的儿子伊斯格布墨尔根、都斯噶尔、敦多克、噶尔玛扎布、噶尔玛五人。

伊斯格布之子尹湛纳、迪鲁、布察克、博罗、伊克萨纳、巴噶萨纳、巴棱、萨尔塔琥八人。

尹湛纳的儿子布尔尼，迪鲁的儿子布特克赉梅林等。

·龙柄银执壶·

伊勒琥巴特尔的后裔是掌管乌珠穆沁左旗的诸诺颜。

巴克塞冰图的后裔掌管乌珠穆沁右旗二骡斯沁的诸诺颜。

纳延泰伊勒登的后裔是萨尔扈特的诸诺颜。

章京达尔罕的后裔是吐蕃特的诸诺颜。

六子多尔济彻辰济农和硕亲王的儿子色布腾可汗、墨尔根楚琥琥尔、垂兴格、阿齐图洪台吉、崇忽台吉、彻根台吉五人。

阿齐图洪台吉的儿子察罕巴拜彻辰亲王。

察罕巴拜彻辰亲王之子忽勒图台吉、素达尼彻辰亲王、素玛迪、索布迪（无嗣）、乌达里公、阿达里六人。

素达尼彻辰亲王之子色布腾栋鲁普、哈旺扎木素公、德凌朋素克三人。色布腾栋鲁普王之子喇布坦彻辰亲王，其子喇布坦纳木扎勒，其子朋素克喇布坦彻辰亲王，其子玛哈素克。

哈旺扎木素公的儿子朋素克公、索特纳木公二人。

五弟乌达里公之子进入内地曾任蒙藏学校首席安班的谔素台吉和通晓四种语言的固穆扎布。

德凌朋素克之子车凌公、额德拜什、多尔济彻辰济农等人，他们的后裔是乌珠穆沁右翼的诸诺颜。

不地阿剌黑可汗的诺木图、贡图二人的后裔分管迭良古斯、锡布沁二部。岱宗忽丹可汗[①]的次子忠图都喇勒分管两个浩齐特，其子塔奇里额尔德尼；其子扎可汗杜棱、孛罗特额尔德尼王、必琫土谢图三人。

扎可汗杜棱其子噶尔玛王，其子阿喇布坦王，其子车布登王，其子巴扎尔王，其子丹津王，其子喇什喇布坦王。

扎可汗杜棱的这些子孙是右浩齐特的诸诺颜。

孛罗特额尔德尼王之子赉充王，其子达尔玛吉哩第王，其子恩克尼斯克王，其子额尔德尼王和车布登巴勒珠尔，其子额尔德尼绰色棱王。

孛罗特额尔德尼王的这些后裔是左浩齐特部的诸诺颜，其支系详情不详。

达赖孙忽旦[②]可汗的三子巴噶达尔罕的儿子喇什台

---

①岱宗忽丹——是“打来孙库登”的异写。

②达赖孙忽旦——也是“打来孙库登”的异写。

吉，其子纳木扎布额尔克诺颜，其子纳木扎勒额尔德尼、厄鲁特、德勒登、罗卜藏等。他们是察哈尔部的诺颜（有的书称巴噶达尔罕、岱青兄弟二人。他们的后裔掌左翼五鄂托克，其详情不详）。

图鲁孛罗特的次子博第阿剌黑可汗的弟弟纳密克诺颜掌敖汉、奈曼二鄂托克。纳密克的儿子贝玛，其子图青都喇勒、额森卫征二人。

图青都喇勒的儿子岱青杜棱，其子索诺木杜棱、色棱杜棱二人。索诺木杜棱的儿子玛齐王、布达王、额璘臣台吉三人。玛齐王的儿子诺尔布（无嗣）。布达王的儿子萨木丕勒王（无嗣），还有额尔德尼、萨仁、绰克图三子。额尔德尼的儿子乌勒吉图王等兄弟九人。

乌勒吉图王的儿子铁木儿郡王。他们是敖汉右翼的诸诺颜。

·康熙与众蒙古部落欢宴图·

色棱杜棱的儿子公主额驸班第王，其子墨尔根王、齐拉衮巴特尔、乌其尔、安达阿玉什四人。

墨尔根王的儿子扎木素王，其子垂木丕勒大王、金巴喇什二人。

垂木丕勒大王的儿子垂济喇什王。

垂济喇什王的儿子巴达玛喇什郡王。巴达玛喇什王的儿子巴勒丹王。

齐拉衮巴特尔的儿子固穆。

固穆有五子，其中老三为额驸贝子罗卜藏，在丹津属下鄂托克做了上都台吉。

乌其尔的儿子丹津、诺门桑、特古斯、达赉额尔德尼、毕里衮等人。

安达阿玉什的儿子扎木素额驸、毕里衮达赉、阿穆祜朗、朝克图罗卜藏、图萨拉克齐垂扎木素等。

扎木素额驸的儿子多尔济喇什额驸、齐达萨（彻达萨——译者）额驸等。

毕里衮达赉的儿子苏玛迪，其子丹达里阿穆祜朗，其子喇什垂木丕勒、固什多尔济二人。

绰克图的儿子忒总、伊达木扎布忽鲁噶尔、温都尔、多尔济、乌兰巴特尔五人。

罗卜藏的儿子多尔济、敦多布、旺舒克三人。

图萨拉克齐垂扎木苏的儿子布延图图萨拉克齐、额驸德木楚克，其子额驸玛楚特多尔济。

图青都喇勒的后裔是敖汉的诸诺颜。

贝玛的次子掌管奈曼的额森卫征，其子衮济斯达

· 林丹汗 ·

尔罕王[①]，其子巴达礼额驸、阿罕王、扎木萨王[②]、乌勒姆济贝子四人。

班第额驸的儿子鄂齐尔达尔罕王，其子班第王、图萨拉克齐喇什二人。班第王的儿子吹忠王，后来被革职，有其弟接任。还有阿齐拉王和高什噶纳木忠[③]等。

阿罕王和扎木萨王与布尔尼亲王一同造反，失去了王位。由乌勒姆济贝子接任王位，

①衮济斯达尔罕王——“济”为“齐”字之误。“斯”为“克”字之误，正确写法应为“衮齐克达尔罕王”。

②扎木萨王——与下文考证，将“扎木散王”改成“扎木萨王”。

③高什噶纳木忠——本书“忽齐哈”应该为“高什噶”之误。“高什噶”为蒙古语，意思是近侍。此人名字叫纳木忠，职务是某大人或官员的近侍。

不久又被革职。阿可汗王的幼子班第。（其他人后裔情况不详，本应以补上，而且，别人所不知的或他们诸后裔各自的简史开始续写为好。但我手中所掌握的史料不全，或有些史料不可靠，所以，仍需进一步考证和纠正。）

赛音达延可汗的三子巴儿速孛罗特济农掌鄂尔多斯、土默特、伊克永谢布①。如今成为鄂尔多斯六鄂托克、土默特三鄂托克九旗的诸诺颜是：

巴儿速孛罗特的儿子土默特固玛里墨尔根哈喇济农、阿勒坦格根可汗②、喇布克台吉、拜斯噶勒昆都伦可汗③、巴彦达喇纳林台吉、博第达喇敖特根台吉六人。

固玛里墨尔根哈喇济农之子衮毕里克墨尔根济农、拜桑忽尔喇旺、卫达尔玛诺木罕、诺木达里台吉、巴齐尔卫征、布扬琥里、巴达玛散巴瓦（无嗣）、纳木达喇达尔罕、翁呼喇克伊勒登九人。他们掌管鄂尔多斯。

---

①伊克永谢布——习惯称永谢布部为“统伊克永谢布”或“伊克永谢布”，意思是“大永谢布”或“巨大永谢布”。

②阿勒坦格根可汗——阿勒坦的“可汗”称号是1578年由三世达赖喇嘛赐予的，之前是“汗”，多数学者按各自的看法，将阿勒坦的“可汗”写成“可汗”或“汗”，这是违背历史事实的做法。

③拜斯噶勒昆都伦可汗——拜斯噶勒的“昆都伦”之号也是三世达赖喇嘛与阿勒坦一起赐予的。所以，也应该是“可汗”。

·满都海哈屯·

衮毕里克墨尔根济农的儿子博硕克图济农，其子都勒巴济农无嗣，还有额琳沁济农和温都尔济农三人。额琳沁济农的儿子布延巴特尔、楚兰济农二人。楚兰济农的儿子固鲁亲王，其子栋鲁普亲王[1]。

次子拜桑忽尔喇旺之子卓里克图诺颜，其子哈丹墨尔根和硕齐，其子塔尔巴，其子萨哈坦贝勒，其子索诺木郡王，其子松罗布王，其子巴喇甘珠尔[2]，其子贝勒卫罗布扎木素[3]，其子贝勒栋鲁普，三子扎木素。

三子卫达尔马诺木罕的儿子德该和硕齐、额尔克巴特尔、纳该昆都伦岱青三人。

德该和硕齐之子沙喇奇塔特，其子达喇什，其子

①栋鲁普——也作“敦罗布”。

②巴喇甘珠尔——是“贝勒甘珠尔”之误。

③贝勒卫罗布扎木素——是“贝勒魏如卜扎木苏”之误。

阿齐图彻辰，其子扎木素公，其子贝子杜棱，其子贝子纳木扎，其子贝子策旺巴勒珠尔辉温沙津等。

卫达尔玛诺木罕的三子纳该昆都伦岱青的儿子沙津楚琥尔，其子萨思嘉贝子，其子固鲁什希布贝子[1]。其子贝子喇什扎木素，其子贝子纳木扎勒色棱等。四子阿拉坦诺颜的儿子扎木布台吉，其子栋鲁普呼图克图、达里玛纳木扎勒呼图克图。

四子诺木达里台吉的儿子呼图克台朝固齐逊·吉茹很彻辰台吉，其子萨达台彻辰楚琥尔[2]，其子固什诺颜，其子额琳沁贝子，其子达尔扎贝勒，其子旺扎勒贝勒。

五子巴齐尔卫征的儿子明海岱青，其子固鲁岱青，其子色棱贝子，其子固莫喇什贝勒，其子哈图斯该贝子，其子罗布桑达尔扎等。

固玛里墨尔根哈喇济农的五个儿子后裔中有六位鄂尔多斯札萨克诺颜。其余不详（有的书称右翼的四营盘，葛古特锡布沁、乌拉特唐古特、达拉特杭锦、篾儿乞惕巴哈斯、别速特乌固逊、索特根、哈里固沁或左翼克烈亦斯、浩齐特、明安特、辉沁、胡雅固沁

---

①固鲁什希布贝子——是“古如扎布贝子”的异写。

②萨达台彻辰楚琥尔——是“西迪台彻辰楚琥尔”之误。

和四部畏兀儿津[1]、三鄂托克阿玛克达等，属于哪些旗及其内部的民风细节等，均不能辨认，故只载入其大概情况）。

·努尔哈赤·

巴儿速孛罗特济农的次子掌管十二鄂托克土默特的阿勒坦格根可汗，从打来孙库登可汗那里求得了扶助朝廷的小可汗之称号，并掌十二鄂托克土默特。他铭记成

①四部畏兀儿津——是“四部卫拉特”之误。

吉思可汗圣主辛苦建成的五色四夷大国，窝阔台、阔端、忽鲁克可汗时期得来的美好宗教，彻辰可汗所缔造的江山社稷，如太阳般的宗教与经卷，坚固的城池，这一切被乞塔惕抢占的深仇大恨和杀死额勒伯克尼古埒苏克奇可汗、阿台可汗、岱宗可汗、阿噶巴尔济农的深仇，他艰苦奋斗，尽力拼搏，征服了瓦剌部的部分属民。之后，攻打乞塔惕边城，大明朝赐予他遂王[①]之称号。又收复安多地区的萨莱胡尔国[②]，并将其纳贡称臣。在翁衮岭[③]之阳建起呼和浩特城，称可汗，重振了已经四分五裂的大国之威风[④]。为恢复已经断弦的宗教，聘请观世音菩萨化身——圣识一切的索南嘉措三世达赖喇嘛，随同的还有栋格尔云丹嘉措、满殊室利呼图克图——金刚手转世的昌都地区的呼图克图二人。从此，尊奉宗喀巴的宗教如太阳升辉，盖起金顶寺庙，

①遂王——阿勒坦汗为得到蒙古北元的最高可汗之位，想尽办法，软硬兼施，最后得到明朝赐封的“顺义王”美称。“遂王”是“顺义王”的谐音。

②萨莱胡尔国——《阿勒坦汗传》作“萨莱古里”，《蒙古源流》作“沙拉维吾尔”，是现在的裕固族。以往蒙古文文献往往称其为“沙莱胡儿”或“沙莱郭勒”。

③翁衮岭——内蒙古自治区首府呼和浩特市的北山，汉名叫“大青山”，古称“翁衮大坝”，今蒙古语称“达兰喀喇山”。

④大国之威风——阿勒坦汗用兵明朝时，往往以北元王朝的名义，所以有此一说。

铸造十二拃高的银质昭释迦牟尼塑像为首的诸多佛像，聘请众多的喇嘛僧侣，扶持政教，广施福利。可汗敕奉圣识一切达赖喇嘛为“瓦齐尔达喇”[①]尊号。达赖喇嘛奉可汗为法王额色润腾格里的尊号[②]。

阿勒坦格根之子有僧格杜棱可汗、噶勒图诺颜、土伯特台吉、冰图伊勒登、达拉特古禄格台吉、本达什里台吉、衮楚克台吉、扎木素台吉八人。

僧格杜棱可汗的儿子楚鲁克彻辰可汗[③]、苏密尔铁木儿洪台吉[④]二人。楚鲁克彻辰可汗之子博硕克图可汗。苏密尔铁木儿洪台吉之子为达赖喇嘛云丹嘉措（其母为合撒儿后裔乌云卫征诺颜之女拜罕珠拉，萨穆尔洪台吉的家庙即是呼和浩特的小召寺。可汗的后裔与达赖喇嘛有无弟兄情况不详）。

---

①瓦齐尔达喇——阿勒坦汗赐封索南嘉措封号的全称是“圣识一切瓦齐尔达喇达赖喇嘛”。

②索南嘉措封阿勒坦汗的封号全称是“法王额色润腾格里转金千轮咱卡拉瓦尔第彻辰可汗”。在借用八思巴赐忽必烈彻辰可汗封号的基础上，又增加了“法王额色润腾格里”头衔。八思巴赐封忽必烈时，忽必烈是唯一的可汗；而索南嘉措赐封阿勒坦时，蒙古六图们各一位“可汗”。

③楚鲁克彻辰可汗——汉文文献作“扯力克”。

④苏密尔铁木儿洪台吉——应该为“苏米尔洪台吉”，是四世达赖喇嘛云端嘉措的父亲。

阿勒坦格根可汗的次子噶勒图诺颜[1]的儿子鄂木布洪台吉[2]（朝克图、杜喇噶图、绰喇木图、多勒木图）。

·鹿纹桦皮背板·

噶勒图的儿子格特海（格图格尔），格图格尔之子阿什克，其子垂勒珠尔，其子三丕勒、索喇罕二人，其子阿杰台吉，其子固木布贝子，其子喇斯扎布贝子，其子班第贝子，其子哈木噶拜斯祜朗图贝子，其子垂扎

①噶勒图诺颜——据尹湛纳希家谱记载，噶勒图诺颜应该是僧格杜棱的次子。

②鄂木布洪台吉——此人就是阿勒坦可汗征乌梁海之后，留在现在辽宁省北票地区的人，也就是“东土默特”的始祖。

布贝子。噶勒图诺颜，有的书称布延巴特尔诺颜；有的书称布延图罕。掌管喀喇沁盟前土默特旗的诸诺颜是他的后裔。

阿勒坦格根可汗的三子土伯特台吉的儿子扎楚依

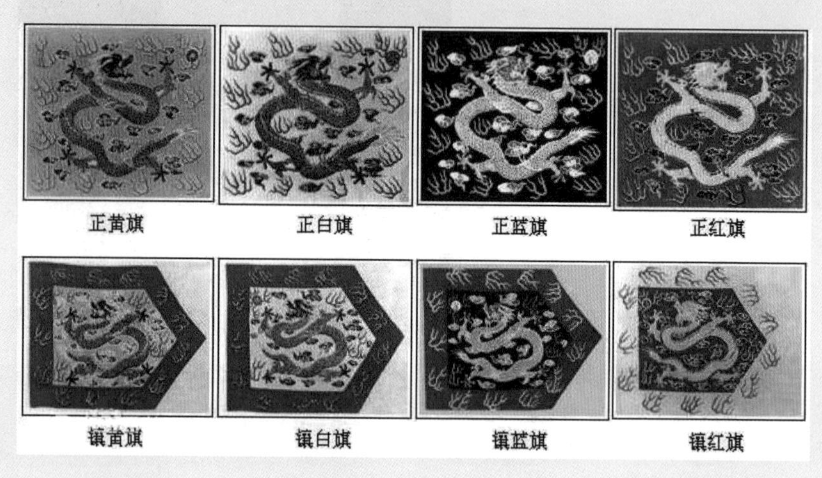

· 清朝八旗旗帜 ·

岱青[①]，其子乌彻特（温春），其子诺尔布台吉，其子噶勒丹台吉，其子台吉哈屯喇什、苏门章京、丹津台吉等。如今有侍卫一等台吉公拉玛扎布，其子公噶勒丹色凌、纳森巴雅尔图等（土伯特台吉的这些后裔划入呼和浩特两个土默特旗）。

---

①扎楚依岱青——此人就是《明史》著名的“把汉那吉”，是蒙古语“baga aqi”的音记，意思是小孙子。这样看来，《明史》记载的是他与阿勒坦汗的关系，而不是他的名字。

阿勒坦格根可汗的其他儿子冰图伊勒登、古禄格、本达什里、衮楚克、扎木素人等人的情况不详。

巴儿速孛罗特济农的三子喇布克台吉掌管永谢布。

其子巴特尔、达尔玛二人。

巴儿速孛罗特的四子拜斯噶勒昆都伦可汗，其子拜桑忽尔卫征、宰桑忽忽尔青巴特尔、赖桑忽尔台吉、莽古斯台吉、莽古岱台吉等。

巴儿速孛罗特的五子巴彦达喇林台吉，其子朗台吉、高娃都喇勒·达伦台吉，他们掌管察罕塔塔尔。

巴儿速孛罗特的六子博第达喇敖特根台吉有三子：恩克达喇岱青、额森达喇都喇勒、诺木达喇忽喇齐等。

恩克达喇的儿子恩克彻辰、额森卫征、乌勒吉图阿拜（无嗣）。

恩克彻辰之子图美、巴德玛、阿拜图、多尔济、额业图宰桑、噶尔玛伊勒登、纳木楚克楚琥尔、布延图·青巴特尔、垂尔沁卫征、色棱喇什、额尔德尼、扎木素楚琥尔、固木布台吉、扎木杨台吉、额琳沁扎布等。

额森卫征之子布尔海彻辰楚琥尔、多尔济诺木齐卫征、噶尔玛卫征、卓里克图卫征三人[1]。

---

①三人——人名四个，而写成“三个”，矛盾。或“噶尔玛卓里克图卫征”，其中多了一个“卫征”。

布尔海彻辰楚琥尔之子额琳沁。

诺木齐宰桑之子希喇玉肯。

噶尔玛卫征的儿子卓里克图，其子车布登额尔克宰桑。

其子固什托音。

巴儿速孛罗特济农的六子博第达喇敖特根诺颜的后裔掌管了东伊克永谢布。他们的子孙现在在哪个旗，不详。

巴图蒙克赛音达延可汗的四子阿尔斯孛罗特[1]统辖青海，掌管七万户博尔布克大众。阿尔斯孛罗特墨尔根诺颜之子布吉格尔、斡嫩二人。

布吉格尔之子岱巴特尔、墨尔根台吉、卓里克图台吉四人。他们之中某一后裔为入住青海的库登忽喇齐之子固鲁洪台吉、阿克逊。他们掌七图们。

济农诺颜的儿子博罗克勤台吉、哈齐呼僧格台吉等。他们的子孙掌管博尔布克。

赛音达延可汗的五子纳勒楚孛罗特掌阿剌黑的十二库伦之内哈拉哈五部扎鲁特、巴林、弘吉剌特、巴岳特、乌济业特的诸诺颜为纳勒楚孛罗特之子忽喇哈奇台吉哈萨尔诺颜。

①阿尔斯孛罗特——本书作“四青海子阿尔斯博罗特”，其中“青海”为多余的字，故删去。

扎鲁特忽喇哈奇的五个儿子为乌巴什卫征、索布海达尔罕、乌班贝玛多克森、索尼岱青、硕甘卓里克图洪巴特尔五人，各掌一个鄂托克。

长子乌巴什卫征诺颜之子巴彦达尔伊勒登、弘乞

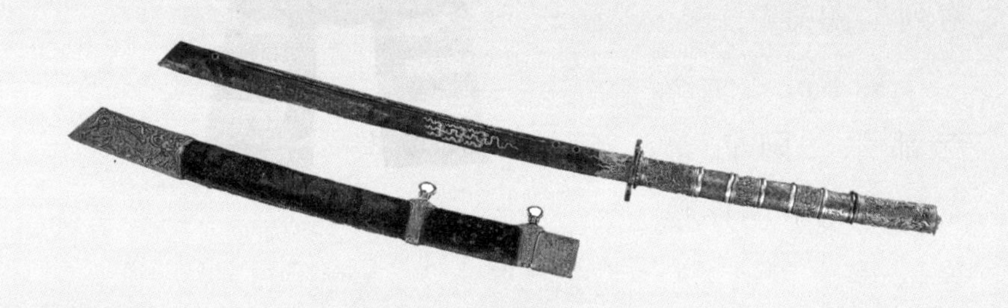

·清代错金龙纹刀·

多克森、多布和墨尔根、托岱都喇勒、布尼彻辰、劳萨和硕齐六人。

巴彦达尔伊勒登之子忠图罕、济农卫征、哈喇巴拜都棱、锡喇巴拜庚根、昂哈达尔罕巴特尔、琥博图诺颜、呼必勒图杜棱、巴拜何齐延贵（有的书称其为主儿扯特扣肯）八人。

忠图罕之子阿巴岱内齐罕，其子青喀布（尚嘉布）多罗诺颜，其子奇塔特贝勒、土伯特、额讷特克、阿穆、多尔济、拉鲁六人。

奇塔特贝勒之子扎木布贝勒、阿木祜朗·图萨拉克齐二人。

扎木布贝勒之子毕鲁瓦贝勒、德勒格仍·贵图萨拉克齐、巴赉三人。

毕鲁瓦贝勒之子索诺木贝勒、诺门达赉二人。

土伯特之子米勒（弥勒），其子格列勒图等。

多尔济之子沙克都尔、阿古鲁克散、达尔玛什哩等。

·清代武官的锦甲·

拉鲁之子巴图、阿萨拉图二人。

额讷特克·巴特尔①之子满珠、索勒哈、贵齐、兰齐、额尔德尼五人。

贵齐之子贺门达尔罕台吉、拉布克、乌巴什三人。

贺门达尔罕台吉之子萨满达、色棱二人。

色棱之子库博克（忽邦）、锡达尔二人。

达布台吉之子瓦齐尔、班第、额木齐、布图格勒、

---

①额讷特克·巴特尔——即青喀布（尚嘉布）多罗诺颜之子额讷特克。

阿里衮达赉五人。

岱朗瑚之子阿必达、斡罗鲁、图哈坦三人。

掌东扎鲁特扎哈齐特鄂托克的是济农卫征之子哈巴尼卫征、桑图、桑忽勒、鄂勒布克等。

桑忽勒之子多尔济公等。

哈喇巴拜都棱后裔在内地。

哈喇巴拜都棱之子锡巴图伊勒登侍卫、喇什希布岱青侍卫[①]、素克齐侍卫、桑噶尔扎侍卫等。

喇什希布之子阿尔善和硕额真、阿尔赉侍卫。

素克齐之子哈屯侍卫。

阿尔善之子阿喇尼和硕额真[②]阿齐图、岱都等。

掌阿尔伯特的是锡喇巴拜之子额森泰，其子那都尔孛罗特[③]，其子额布根，其子都尔布哈·图萨拉克齐、孛罗特，孛罗特之子阿玉什·图萨拉克齐。

掌哈鲁特的是昂哈达尔罕巴特尔之子鄂勒布克公、奇塔特三人。

鄂勒布克之子喀喇沁[④]、玛喇沁[⑤]等。

①喇什希布岱青侍卫——中世纪蒙古文有时将“扎布”写成“希布”的习惯。所以，“喇什希布”为“喇什扎布”。

②阿喇尼和硕额真——是阿尔善之子。“和硕额真”意思是旗之主。

③那都尔孛罗特——考察下文，这应该是“那都尔”和“博罗特”二人。

④喀喇沁——本书称“克尔彻”，是“喀喇沁”之误。

⑤玛拉沁——本书称“玛喇察”，是“玛拉沁”之误。

掌察哈特的是果弼尔图杜棱[①]之子多尔济、满珠习礼、珠察、图达哈。

图达哈之子巴克达喇什·图萨拉克齐，其子托音、格隆、噶尔迪、格什布·图萨拉克齐等（巴彦达尔伊勒登的这些后裔是扎鲁特左旗的诺颜）。次子弘吉多克森诺颜无嗣。

·清代武官的头盔·

掌扎鲁特右旗的多布和墨尔根诺颜之子博鲁岱扎尔忽齐、额勒哲格卓里克图、伊鲁特冰图[②]、海色伊勒登、额登巴特尔、特登巴特尔、泰噶勒墨尔根、达赉扣肯八人。

博鲁岱扎尔忽齐之子恩克森岱青[③]、乌都[④]、玛雅三人。

①果弼尔图杜棱——又作"呼必勒图杜棱"。

②伊鲁特冰图——又作"尼勒敦宾图"。

③恩克森岱青——又作"讷克森岱青"。

④乌都——又作"努都"。

恩克森岱青之子绰什希[1]、图巴、都什噶尔、额尔和图四人。

绰什希之子图巴、图巴喇什。

图巴之子乌尔图纳素图，其子努琥尔[2]。

都什噶尔之子鄂齐尔兄弟四人。

额尔和图之子额尔德尼、罗格达、必里衮达赉三人。

努都[3]之子乌沁、莫鲁、鄂木布三人。

玛雅之子阿喇纳、鄂齐尔、毕里克三人。

额勒哲格卓里克图之子唐穆、吉尔噶朗图、固穆、固穆什四人。

吉尔噶朗图之子拜琥、多尔济二人。

拜琥之子鄂齐尔，其子格什，其子阿玉什、阿木察。

阿玉什之子高什噶博硕克等。

伊鲁特冰图之子多诺图、额勒毕什希、乌勒吉、昂诺克、桑图五人。

海色伊勒登之子图齐延、图尔吉安班布尔奇。

图齐延之子固穆、噶尔玛二人。

额登巴特尔之子塔青、乌勒吉图、玛尼三人。

---

①绰什希——通常作“乔吉”。

②努琥尔——又作“乌忽尔”。

③努都——即上文出现的“乌都”。

塔青之子图萨拉克齐·图斯噶尔、乌尔图纳素图二人。

图斯噶尔之子哈喇班第兄弟九人。

乌尔图纳素图之子察罕班第兄弟六人。

乌勒吉图之子伊琳奇兄弟四人。

玛尼之子玛哈萨图。

玛哈萨图之子乌尔图等四人。

奥巴什卫征的四子图岱。

掌扎鲁特右旗的都喇勒诺颜之子巴噶达罕汗和硕齐、巴雅尔图岱青、萨本达尔罕巴特尔、索宁扎尔古齐、玛尼青巴特尔、索素该布克（无嗣）、海色固什、宰桑扣肯兄弟八人。

巴噶达罕汗的后裔入住中原。

巴噶达罕汗子塔吉穆多尔济、鄂齐尔桑、玛勒齐哈多尔吉玛、浩楚台侍卫四人。

塔吉穆多尔济之子巡察侍卫绰克图、阿克散安班二人。

绰克图之子琥尔查、布延图二人。

琥尔查之子巴雅尔图多尔吉安班。

鄂齐尔桑之子阿拉木斯额驸、杜棱多尔吉安班二人。

玛勒齐哈多尔吉玛之子瓦齐尔侍卫，其子忽南。

浩楚台侍卫之子萨利萨布侍卫、亚迪侍卫、巴雅斯祜郎侍卫等。他们的后裔现在在正白旗。

次子巴雅尔图岱青之子桑噶尔齐、博尔齐、达尔登、固木格尔、彰吉伦、巴达玛、哈兴额驸、浩吉格尔八人。

达尔登之子哈利雅图。

固木格尔之子巴特尔讷该、赛音察克、班第等。

·索南嘉措·

彰吉伦之子阿玉什、乌勒吉图、梢等。

巴达玛之子图萨拉克齐们都、巴班、乌勒吉。

浩吉格尔之子沙格德尔、必里克图。

三子萨本达尔罕巴特尔台吉之子一等台吉昂哈、贝勒桑哈尔、沙齐、忽克勤、茂奇塔特、图巴、拜巴海、浩塔克齐八人。

昂哈之子阿齐图、阿齐吉等兄弟十人。

多罗诺颜桑噶尔之子巴达里贝勒、额尔德尼、博岱、阿努阿木尔沁、班第六人。

巴达里贝勒之子必里克图贝勒、额勒德布、弼塞、

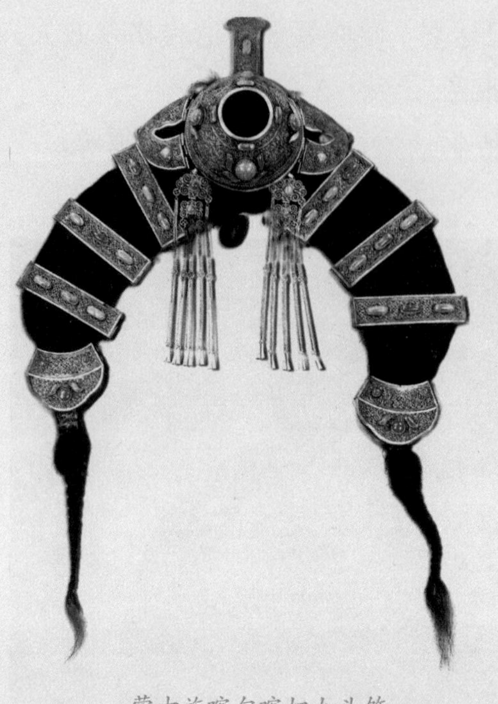

·蒙古族喀尔喀妇女头饰·

毕里衮达赉等。

必里克图贝勒之子齐木格图、阿齐图、巴雅斯瑚、诺敏喇拜贝勒、诺木巴里克齐、阿润达赉六人。

巴雅斯瑚之子图萨拉克齐乌尔图纳素图。

诺敏喇拜贝勒之子札萨克贝勒阿第沙兄弟三人。

三子沙齐之子沙里、博达里、额尔赫、鄂齐尔、贺齐延贵、萨里、布达、乌尔图纳素图、素珠克图九人。

四子忽克勤台吉之子图萨拉克齐拜兴[1]、沙里泰达尔罕台吉、达尔玛、古力格、阿玉什、布克伦六人。

达尔玛达尔罕之子巴扎尔达尔罕兄弟三人。

五子茂奇塔特之子额尔德尼、巴噶额尔德尼、布达、阿齐图四人。

①图萨拉克齐拜兴——又作“图萨拉克齐拜桑”。

六子图巴之子鄂齐尔、布延图二人。

布延图之子乌尔图纳素图、垂扎布、哈屯扎布[1]、那顺扎布、西第五人。

七子拜巴海图萨拉克齐之子察珲、阿必达、巴第、班第四人。

察珲之子巴扎尔。

阿必达之子纳素图。

巴第之子布拜。

班第之子阿里勒瑚、扎木散托音等。

八子浩塔克齐敖特根诺颜之子乌里斯希布、鄂齐尔、乌尔图纳素图三人。

鄂齐尔之子图萨拉克齐班第达、毕里衮达赉二人（这些是色本达尔罕汗巴特尔的后裔）。

四子索宁扎尔古齐之子桑噶里、巴达玛、伊璘沁、固穆、纳玛什喜、扎木素、色棱七人。

巴达玛之子额尔德尼，其子德勒克仍贵、巴雅斯祜朗、章固图（章亲素图）、纳素图、素珠克图等。

伊璘齐[2]之子阿喇纳、乌勒吉图。

阿喇纳之子巴喇米德等。

固穆之子图萨拉克齐色尔吉。

色尔吉子一等台吉布延。

①哈屯扎布——又作“哈丹扎布”。

②伊璘齐——即上文出现的“伊璘沁”。

扎木素之子诺尔布。

色棱之子阿必达兄弟五人（这些是索宁扎尔古齐的子孙）。

五子玛第青巴特尔之子公·茂奇塔特、茂喇台吉二人。

公·茂奇塔特之子图斯噶尔、巴图公、图萨拉克齐博登图、哈鲁、巴里玛特、乌尔祜玛勒图萨拉克齐、图萨拉克齐苏玛迪、阿里衮、明安等十人。

图斯噶尔之子哈尔拜、毕力格、必里克图。

巴图公之子察罕龄华公，其子纳逊额尔克图等。

博登图之子托音格隆布延图、图格莫勒、特古斯。

乌尔祜玛勒之子西第。

侍卫乌巴什之子哈屯、齐布腾、索诺木。

苏玛迪之子阿木古朗图萨拉克齐、齐木德多尔济、扎木素。

阿里衮之子阿玉什、明安齐齐克、乌尔图纳素图。

明安[①]之子齐布腾等（这些人是玛第青巴特尔的子孙）。

七子海色固什诺颜之子班第、图巴、额森、恩克、垂扎布、巴雅斯祜朗六人。

---

①明安——即上文“明安齐齐格”。

班第之子阿南达。

图巴之子阿尔塔什达。

额森之子阿木古郎鄂齐尔、楚依。

恩克之子吉尔噶郎等四人。

垂扎布之子扎木扬、卓特巴等。

巴雅斯祜朗之子纳玛什喜[1]、三丕勒。

八子宰桑扣肯之子锡喇奇塔特，其子阿尔什四人。

阿尔什之子通噶拉克等人（这些是托岱都喇勒七子的子孙）。

乌巴什卫征五子布尼彻辰之子额勒哲格卓里克图、额森泰楚琥尔。

额勒哲格之子桑噶尔济、额沁二人。

桑噶尔济之子浩吉格尔等五人。

额沁之子鄂齐尔（这些人是米哈奇拉古特[2]的诸诺颜）。

乌巴什卫征六子劳萨和硕齐之子布延图楚琥尔、纳颜、布克、迪彦、拜噶勒、阿努、绰六人（这些人是多布和、布尼、劳萨等的子孙，均在掌管西扎鲁特的托岱都喇勒的后裔阿第沙贝勒旗）。

忽喇哈奇诺颜的次子掌管巴林鄂托克的索布海达

①纳玛什喜——也作“纳玛西喜”。

②米哈奇拉古特——又作“马哈奇拉古特”。

尔罕诺颜[①]之子达赉岱青[②]、巴噶巴特尔二人。

巴噶巴特尔之子乌布岱、色特、和托果尔昂哈、布固特尔昂哈四人[③]。

乌布岱之子色棱洪台吉（有的书称布固特尔之子为色棱）。

乌布岱子乌奇延贝子[④]，其子额尔德尼贝子，其子喇什纳木塔尔贝子（他在巴嘎巴林的左翼）。次子色特尔的儿子公主额驸色布腾王，其子鄂齐尔王、格埒勒图公、纳木察公、侍卫阿喇布坦。

鄂齐尔王之子纳木达克王、公主额驸乌尔衮王、僧格尔达、伊喇固克齐图萨拉克齐。

纳木达克王之子常布。

乌尔衮王之子额驸伊琳钦布（此人被革职）。

僧格尔达之子郡王额琳沁，其子巴图王、德棱额驸公二人。

---

①索布海达尔罕诺颜——蒙古文文献作“卫章素布海”“素巴海”。汉文文献作“速把亥”。

②达赉岱青——本处作“达哈赉岱青”。

③四人——《水晶鉴》称：“巴噶巴特尔诺颜之子乌布格岱洪台吉、色特尔、和托果尔昂阿、布古特格尔昂阿、内齐洪台吉五人”。《辽夷略》列出其七子之名讳。

④乌奇汗贝子——又作“乌乾”“乌拉钦”“温纯”等。

侍卫旺扎勒、伊喇固克齐图萨拉克齐之子侍卫图萨拉克齐琳沁等。

格埒勒图公之子额驸纳逊、鲁塔、图萨拉克齐班珠尔等。

纳木察公之子哈屯扎布图萨拉克齐等。

侍卫阿喇布坦之子额尔德尼、额勒德布、齐达克齐、忽必图等（这些人是色特尔的子孙，执掌右翼大巴林的诸诺颜）。

三子和托果尔昂哈之子满珠习礼贝子，其子乌尔占贝子[①]，其子鄂齐尔桑贝子（乌布岱、和托果尔昂哈、布固特尔昂哈的后裔掌左翼小巴林的诸诺颜）。

弘吉剌惕科尔沁乌班贝玛多克森诺颜之子诺木图达尔罕[②]、奇塔特洪台吉。

诺木图之子莽古勒岱岱青、巴登图伊勒登、拜珲岱楚琥尔、拉布岱洪巴特尔、喇必斯斤诺颜、统素诺颜、

①乌尔占贝子——本处作“乌尔钦贝子”。

②鄂木图达尔罕——又作“喏木图达尔罕”。

JLQF

萨本哈丹巴特尔七人。

莽古勒岱之子巴达玛、布达什里。

巴登图[①]之子海色、茂鲁尔。

拜珲岱之子博腾。

拉布岱之子固穆、萨布克、扎木素。

阿拉木什希[②]（即前文所说的喇毕斯斤）之子满珠习礼。

布达什里之子鄂木。

海色之子巴达里、卫达里[③]。

茂鲁尔之子鄂齐尔。

博腾之子鄂齐尔。

萨布克之子拉斯扎布、鲁斯扎布、巴雅斯祜朗、拜布、图巴。

扎木素之子诺尔布等。

次子奇塔特洪台吉的儿子绰克、宰塞札萨克图诺颜，其子可汗阿海、布延阿海二人（此二人后裔在北京）。

---

①巴登图——即上文的“巴登图伊勒登”。

②阿喇嘛什希——又作“喇嘛什希”。

③卫达里——又作“旺多尔济”。

洪果尔达（弘吉拉特）乌班贝玛多克森之子辅助大巴林，如今有图萨拉克齐塔萨等十个苏木大众。

四子伯岳五鄂托克的索尼岱青之子布尔海达尔罕，其子恩衮达尔（恩衮泰）都棱额驸[1]，其子巴达玛多尔乞安班、额尔克岱青公、萨祜拉克额驸等。

巴达玛多尔乞安班之子伊森侍卫、额森侍卫二人。

额尔克岱青公之子扬瑚公（索尼岱青的这些后裔在北京）。

五子乌济业特鄂托克硕甘卓里克图洪巴特尔之子鄂巴岱青、鄂拜冰图、额森都棱三人。

鄂巴之子图巴多尔乞安班，其子阿喇纳侍卫[2]。

鄂拜冰图之子忽必勒罕，其子奇塔特台吉，其子劳察台吉[3]，其子额尔德尼台吉（巴岳特、乌济业特二鄂托克之诸诺颜入住中原，现有其后裔）。

五部鄂托克哈拉哈有忠图罕、阿必岱阿齐罕[4]二人。

在他们的时代，瓦剌部的额布根博格达喇嘛[5]来到

①恩衮达尔都棱额驸——又作“昂衮达尔杜棱台吉”。

②阿喇纳侍卫——又作“阿儿哈侍卫”。

③劳察台吉——又作“老柴侍卫”。

④阿必岱阿齐罕——“阿必岱内齐可汗”之误。

⑤额布根博格达喇嘛——指的是内齐托音一世，名阿必达，卫拉特挥特部人。

这里，传播了圣宗喀巴的黄教，如今已有三世，始终崇奉宗喀巴宗教，奉喇嘛为至尊。这是五部哈拉哈的历史。

赛音达延可汗的六子鄂齐尔孛罗特执掌伊克图们。今掌管克什克腾旗的诸诺颜是鄂齐尔孛罗特之子塔尔尼[1]（打赖）、达赉逊[2]二人。打赖之子翁衮达里赛音阿剌黑、卫征巴特尔二人。

西纳（赛音）阿剌黑[3]之子墨尔根沙喇勒岱，其子丹巴琳沁布克台吉，其子索诺木诺颜，其子札萨克台吉玛纳和，其子札萨克台吉阿玉什，其子札萨克台吉齐巴克扎布，其子札萨克台吉纳齐特扎布[4]，其子塔特达[5]，其子卫征巴特尔，其子阿辉彻辰，其子素玛喇台吉，其子班第彻辰，其子占布台吉，其子敖德斯尔台吉等。他们是鄂齐尔孛罗特后裔，是掌管克什克腾的诸诺颜。

①塔尔尼——蒙古文文献又作“答里台吉”“打来”“打来逊”；《北虏风俗》作“打赖”。

②达赉逊——又作“答里孙”。

③西纳阿剌黑——又作“赛音阿拉克”。

④札萨克台吉纳齐特扎布——又作“囊吉特扎布”。

⑤塔特达——又作“塔特达喇”。

赛音达延可汗的七子阿勒孛罗特[①]执掌阿速特、西拉奴特[②]、打剌明安[③]等部。

阿勒孛罗特之子阿术台吉、锡喇台吉[④]、布克台吉、摩伦台吉四人。

阿术台吉之子必吉尔色卓里克图巴特尔[⑤]。

锡喇台吉之子锡喇奴特台吉。

布克台吉之子卓里克图巴特尔、伊勒登、布延图等人（他们是哪个旗的诺颜，不知）。

赛音达延可汗的独生女儿格根公主嫁给了兀良哈部赛音吉玛[⑥]的后裔巴克逊塔布囊，掌三部喀喇沁四个旗，一部土默特，受大清隆恩，被封为一王、二贝勒、三公、四等塔布囊以及诸额驸（关于他们的历史，书籍记录不详）。

达延可汗的八子格鲁迪无嗣。

---

①阿勒孛罗特——蒙古文文献又作“阿勒布忽喇”“阿尔博罗特”；汉文文献作“那里不赖”；对照蒙汉文文献，此人有两个名字，一个是“阿勒布谷喇”，意思是“红毛公驼”。另一个名字是“阿勒博罗特”，意思是“红钢”。

②西拉奴特——又作“沙喇奴特”“锡拉努特”。

③打剌明安——又作“塔尔尼明安”。

④锡喇台吉——又作“沙喇台吉”。

⑤必吉尔色卓里克图巴特尔——又作“巴嘎阿日斯兰卓里克图巴特尔”。

⑥赛音吉玛——这里指的是成吉思可汗“四狗”之一的兀梁可汗部者勒篾。

赛音达延可汗的九子青台吉[①]之子图格什台吉[②]、齐格里台吉[③]，执掌塔塔尔部。

赛音达延可汗的十子格列孛罗特[④]之子隆台吉[⑤]，其子孙执掌兀鲁兀惕部。据说他们在北京（他们如今掌管哪些旗及官职、封号情况不详）。

赛音达延可汗的十一子（幼子）格列山掌七鄂托克哈拉哈。

格列山之子阿什海达尔罕洪台吉、乌雅泰哈坦巴特尔[⑥]、诺诺和卫征[⑦]、阿敏都喇勒、塔尔尼台吉（无嗣）、德勒德昆都伦、萨木贝玛敖特可汗诺颜[⑧]七人。

长子阿什海（其属民叫乌讷格特、扎剌亦尔二部）

---

①青台吉——《阿勒坦汗传》作“葛根猛喝”；《北虏风俗》作“称台吉”。

②图格什台吉——又作“冬西台吉”。

③齐格里台吉——又称“成里台吉”。

④格列孛罗特——《黄金史》称其为“兀鲁兀惕台吉”。

⑤隆台吉——《黄金史》作“隆诺颜”。

⑥乌雅泰哈坦巴特尔——又作“温都儿和坦巴特尔”“诺颜台哈坦巴特尔”。

⑦诺诺和卫征——又作“斡努忽卫征”。

⑧萨木贝玛敖特可汗诺颜——又作“萨木贝穆敖特可汗诺颜”。

之子巴彦达尔洪台吉、图们达喇岱青和托果尔二人[①]。

巴彦达尔之子赤那哈喇（无嗣）、赖果尔可汗二人。

赖果尔可汗之子索本泰札萨克图可汗、谔本泰达尔玛什里二人。

索本泰札萨克图之子索诺木阿海、额希布额尔德尼、诺尔布必什毕希日勒图罕、库布勒克冰图、喇什达尔罕、敖德斯尔卓硕图阿海、达斯尔彻辰六人[②]。

诺尔布必什毕希日勒图罕之子旺舒克墨尔根罕[③]、臣本赞布札萨克图罕[④]、哈喇阿玉什、察罕阿玉什、哈屯台吉、喇什噶勒丹、呼图克图七人。

旺舒克墨尔根罕之子阿勒坦、洪果尔二人。

臣本赞布札萨克图之子锡喇札萨克图罕、噶勒丹

---

①巴彦达尔洪台吉、图们达喇岱青和托果尔二人——《大黄册》称："阿什海达尔罕洪台吉之子巴彦达喇洪台吉、图们达喇岱青和托果尔、乌忽尔伊勒都齐"；《阿萨拉克齐氏的历史》称："巴彦达喇洪台吉、图蒙达喇岱青和托果儿、乌忽尔伊勒都齐三人"。

②达斯尔彻辰六人——《阿萨拉克齐氏的历史》载："札萨克图可汗之子索诺木阿海、斯乞布额尔德尼、诺尔布必昔日勒图可汗、古穆扎克宾图阿海、古穆喇什达尔罕洪台吉、伊沙尔要斯图阿海、塔沙尔彻辰阿海七子"。

③旺舒克墨尔根罕——又作"旺楚克墨尔根可汗"。

④臣本赞布札萨克图罕——又作"赞本札萨克图可汗"。

乌巴什、色布腾阿海、策旺扎布和硕亲王等。

谔本泰达尔玛什里之子太平洪台吉、卓特巴伊勒登二人[①]。

太平洪台吉之子固木卓里克图[②]，其子札萨克图台吉垂扎布，其子札萨克丹津。

卓特巴伊勒登之子拉姆多尔济贝勒[③]、伊喇古克散额尔德尼呼图克图、阿喇布坦伊勒登三人。

拉姆多尔济贝勒之子诺尔布班第贝勒等。

阿什海的次子图们达喇岱青和托果尔之子赛音乌巴什洪台吉、明海哈喇忽喇二人[④]。

赛音乌巴什之子巴达玛额尔德尼洪台吉、多尔济洪台吉二人[⑤]。

巴达玛额尔德尼之子赛音罗卜藏洪台吉，其子哈屯岱青贝勒，其子松罗布贝勒，其子布拜巴特尔贝勒[⑥]。

明海哈喇忽喇之子阿噶纳该札萨克图哈喇忽喇[⑦]、巴达玛卫征二人[⑧]。还有图巴公、额克彻等（阿什海达尔罕洪台吉的这些子孙在右翼札萨克图可汗部）。

格列山的次子乌雅泰哈巴特尔，其属众为别速特、额勒哲根二部。

哈丹巴特尔之子土伯特哈丹巴特尔，其子别速特

①卓特巴伊勒登二人——《阿萨拉克齐氏的历史》载："谔本泰达尔玛西里之子善巴尔额尔德尼、斡穆奇太平洪台吉、卓德巴达尔玛

西里洪台吉”三人。

②固木卓里克图——《大黄册》作“衮布”;《阿萨拉克齐氏的历史》作“卓里克图乌巴什”;《王公表传》作“额尔德尼衮布”。

③拉姆多尔济贝勒——又作“萨姆多尔济贝勒”。

④明海哈喇忽喇二人——《阿萨拉克齐氏的历史》作“硕雷乌巴什洪台吉、明海哈喇忽喇、谔本泰达尔罕巴特尔”三子。

⑤赛音乌巴什之子……多尔济洪台吉二人——“多尔济”又作“多尔济岱”“多尔济岱洪台吉”等。这里说赛音乌巴什之子为“二人”,与《大黄册》同。《阿萨拉克齐氏的历史》称八人:即钦达牟尼托音、固什台吉、卓里克图台吉、巴达玛额尔德尼洪台吉、多尔吉岱洪台吉、岱诺颜、衮布伊勒登、桑台吉。

⑥布拜巴特尔贝勒——本书记载与《阿萨拉克齐氏的历史》的记载不一。《阿萨拉克齐氏的历史》称:“巴达玛额尔德尼洪台吉之子琳沁洪台吉、雅勒康吉呼图克图葛根”,“赛音洪台吉之子拉什哈丹巴特尔、浩吉格儿、班第达、安迪巴嘎汗拉什、塔哈乞”。

⑦阿噶纳该札萨克图哈喇忽喇——又作“囊哈乃”“昂哈海”等。

⑧明海哈喇忽喇之子……巴达玛卫征等二人——本书记载与《阿萨拉克齐氏的历史》的记载不一。《阿萨拉克齐氏的历史》称七子:“昂哈海札萨克图哈喇忽刺、恩赫莫日根诺颜、喇叭晒彻辰台吉、公布额尔德尼台吉、巴达玛卫征诺颜、温布彻辰楚琥尔、莎拉布伊勒都齐哈喇忽刺”等。

的洪果尔彻辰济农、额勒哲根之子巴达玛哈丹巴特尔等二人。

彻辰济农之子车凌楚琥尔①、策棱扎布岱青②、巴林阿海、齐克什希布③彻辰四人④。

车凌楚琥尔之子多尔济卓里克图济农，其子索诺木吉锡斯公⑤，其子拉旺公⑥。

策棱扎布岱青之子齐旺多尔济⑦、察可汗巴喇贝子，其子察可汗布里斯贝子，其子洪果尔察可汗巴喇贝子，其子旺楚克公。

巴林阿海之子萨玛迪济农⑧，其子格勒克扎木丕勒

---

①车凌楚琥尔——又作“泽凌”。

②策棱扎布岱青——又作“色凌扎布”“车勒斯扎布”“策勒斯乞布”等。

③齐克什希布——又作“齐瓦哈斯乞布”“察哈斯乞布”“察哈扎布”等。

④彻辰济农之子……四人——本书称彻辰济农之子为四人。《阿萨拉克齐氏的历史》则称：“车凌楚古忽儿、策勒斯乞布赛音阿哈尔岱青、古如斡穆奇、巴哈尔汗阿海、察哈斯乞布彻辰诺颜、衮楚克墨尔根台吉、额尔克卓里克图、诺里布额尔德尼洪台吉八人。”

⑤吉锡斯公——又作“吉锡公”。

⑥拉旺公——又称“雷阳公”。

⑦齐旺多尔济——又作“策旺多尔济”；《阿萨拉克齐氏的历史》则称：“车万多尔济”；《王公表传》作“八剌腾格里托音”。

⑧萨玛迪济农——又作“萨穆迪济农”。

王，其子哈勒塔尔王，其子朋素克郡王。

察哈斯哲布彻辰之子札萨克台吉奥尔沁彻辰、巴达玛彻辰二人。

额勒吉根的巴达玛哈丹巴特尔之子察喇衮布哈丹巴特尔[1]，其子哈丹巴特尔公。其子敏珠尔公。这些是别速特、额勒哲根二部的诸诺颜。

格列山三子诺诺和卫征诺颜[2]（其属民为客勒古特[3]、豁罗拉斯）之子阿巴岱鄂斡齐赖噶勒珠赛音汗[4]、阿布瑚墨尔根、奇塔特伊勒登（无嗣）、图蒙肯昆都伦赛音诺颜[5]、巴赖和硕齐、菩提萨图敖特汗诺颜（不

①察喇衮布哈丹巴特尔——《阿萨拉克齐氏的历史》与《大黄册》作“车凌衮布”“察喇古穆”。

②斡努忽卫征诺颜——《阿萨拉克齐氏的历史》作“斡忽努卫征诺颜”；《大黄册》作“斡忽努忽卫征诺颜”；有的书还作“诺诺忽卫征诺颜”。

③客勒古特——拉施特哀丁《史集》称：“客列亦惕部的分支”；符拉基米尔佐夫称：“吉尔吉斯”。

④阿巴岱鄂斡齐赖噶勒珠赛音汗——又作“阿巴泰”。是哈拉哈图们的首领，于1578年从三世达赖喇嘛索南嘉措那儿获取“鄂齐赖可汗”之号。从此，哈拉哈部走向“独立”。

⑤图蒙肯昆都伦赛音诺颜——又作“图蒙乞”“图蒙勤昆都伦”“图蒙哈”等。

知此人有无后裔）六人。

阿巴岱鄂斡齐赖噶勒珠土谢图赛音诺颜［《阿萨拉克齐之史》[①]称，在土默特格根阿勒坦汗七十五岁去世时，上派阿喇克达尔罕为使臣，请来斯古蒙囊素喇嘛时，这位赛音汗接收斋戒得到佛经之源。乙酉年（公元 1585 年）在锡喇噶阿吉喇嘎之阴建起寺庙[②]。到达赖喇嘛那里受虚密金刚戒，并对其倍加礼遇。达赖喇嘛赐予他手指大的释迦牟尼舍利，称他为瓦齐尔巴尼佛[③]化身，“诺们伊克鄂齐尔汗”[④]之号］之子苏本泰（锡布固泰）乌勒吉图洪台吉[⑤]、额列克墨尔根汗二人。

---

①《阿萨拉克齐之史》——哈拉哈部宾八额尔克岱青于 1667 年所著，后改称《阿萨拉克齐氏的历史》。前文多处提及此书，用的书名即是后者。

②锡喇噶阿吉喇嘎之阴建起寺庙——公元 1585 年，在哈拉和林废墟旁建哈拉哈部额尔德尼召寺。

③瓦齐尔巴尼佛——梵语“vadjrapani”；吐蕃特语“lag na rdo rje”；汉文称“金刚手”。

④诺们伊克鄂齐尔可汗——三世达赖喇嘛索南嘉措赐予哈拉哈图们阿巴岱的可汗号。

⑤苏本泰乌勒吉图洪台吉——又作“萨布哈太”“萨布忽太”“苏布迪”等。

锡布固泰之子鄂尔果岱诺木齐、穆彰乌巴什洪台吉[1]二人。

鄂尔果岱诺木齐之子达什洪台吉[2]，其子札萨克台吉车旺扎布[3]。

穆彰乌巴什之子齐布斯[4]札萨克，其子车布登贝勒。穆彰乌巴什之子锡布推，其子车布登公[5]。

额列克墨尔根汗之子衮布土谢图汗、纳玛斯希布岱青[6]、阿巴岱（拉巴岱）忽喇齐达尔罕[7]、多尔济都古尔克齐四人。

衮布土谢图汗之子青泰珠克图·鄂齐尔·察珲赛音汗[8]（察珲多尔济）、西第什里贝勒，其子丹津多尔

---

①穆彰乌巴什洪台吉——又作“穆章乌巴什”“穆青乌巴什”“穆京乌巴什”等。

②达什洪台吉——又作“塔什洪台吉”。

③札萨克台吉车旺扎布——又作“车万扎布”“策旺加普”等。

④齐布斯——又作“策布克”。

⑤车布登公——又作“策布登公”“齐布登公”等。

⑥纳玛斯希布岱青——又作“阿玛斯乞布岱青”“阿玛斯扎布”等。

⑦阿巴岱忽喇齐达尔罕——又作“喇布岱忽喇哈齐达尔罕”“拉布达尔忽拉哈齐达尔罕”等。

⑧青泰珠克图·鄂齐尔·察珲赛音汗——《大黄册》作“素珠克忽春特古苏克森瓦齐尔赛音可汗”，《阿萨拉克齐氏的历史》作“素珠克忽春特古苏克森瓦齐尔图谢图可汗”；《王公表传》却作“察浑多尔济”。

济王[1]，其孙萨克齐王、北方宗教之圣灯哲卜尊丹巴呼图克图[2]、多尔济冰图四人。

纳玛斯希布岱青之子占布喇岱青[3]。

拉巴岱忽喇齐[4]之子札萨克台吉巴林[5]。

多尔济都古尔克齐之子青洪台吉[6]，其子垂木楚克纳木扎勒公[7]（车木楚克纳木扎勒）。他们是阿巴岱斡齐赖赛音汗的后裔。

---

①丹津多尔济王——本书之"达津多尔济"为错字。

②哲卜尊丹巴呼图克图——蒙古人称其为"温都儿葛根"（公元1635—1723年），俗名札那巴撒尔。于公元1639年，哈拉哈部图谢图可汗衮布多尔济，在清太宗皇太极的鼓励下，将自己刚刚五岁的孩儿推举为哈拉哈七部共同的宗主而坐床。

③占卜喇岱青——《大黄册》与《阿萨拉克齐氏的历史》作"占巴喇"岱青。

④拉巴岱忽喇齐——上文曾经出现的"阿巴岱忽喇齐达尔罕"。

⑤札萨克台吉巴林——又作"白然"；《大黄册》作"巴哈然"；《王公表传》作"巴朗"。

⑥青洪台吉——也作"成洪台吉"；《大黄册》作"拉哈苏扎布青洪台吉"。

⑦垂木楚克纳木扎勒公——《大黄册》与《王公表传》作"察穆楚克那木扎勒"。

诺诺和卫征次子阿布瑚墨尔根之子昂噶海墨尔根[1]、阿喇忽里（喇瑚里）察可汗达赖[2]二人。

昂噶海之子巴达玛什墨尔根楚琥尔[3]、索诺岱青洪台吉、都噶尔扎布冰图、扎木素绰克图、扎木杨阿海、阿尔察墨尔根六人。

巴达玛什墨尔根之子台吉车凌[4]，其子札萨克台吉鄂巴[5]。

JLQF

---

①昂噶海墨尔根——《大黄册》与《蒙古游牧记》作“昂嘎海墨尔根”；《阿萨拉克齐氏的历史》作“昂哈海墨尔根”。

②阿喇忽里察可汗达赖——《阿萨拉克齐氏的历史》作“喇忽喇”。

③巴达玛什墨尔根楚琥尔——又作“巴达玛西墨尔根楚琥尔”“必德玛西墨尔根楚琥尔”。

④ 台吉车凌——《大黄册》作“台吉车璘”；《阿萨拉克齐氏的历史》作“额尔克阿海”；《王公表传》作“齐朗”。

⑤札萨克台吉鄂巴——《大黄册》作“斡博”；《王公表传》作“奥巴”。

索诺岱青之子郡王固鲁什喜[①]。

阿尔察墨尔根之子札萨克台吉巴萨木楚克[②]（开木楚克）。

阿喇忽里察罕达赖之子达尔罕亲王本塔尔绰克图、沙克嘉达赖岱青、额琳沁三人[③]。

亲王本塔尔之子诺内达尔罕亲王[④]、詹达固密贝

金轮千辐

①君王固鲁什喜——《大黄册》作"古如斯乞"；《王公表传》作"古鲁西乞"。

②札萨克台吉巴萨木楚克——《阿萨拉克齐氏的历史》作"卡穆楚克"；《王公表传》作"凯穆楚克"。

③达尔罕亲王本塔尔绰克图、沙克嘉达赖岱青、额琳沁三人——《大黄册》称："阿喇忽里达赖诺颜之子达尔罕亲王博达尔、本巴斯克扎布、班本额尔德尼、扎木苏绰克图、桑哈尔扎达赖岱青、古如墨尔根、额琳沁台吉"。《阿萨拉克齐氏的历史》也列了七个人的名字。

④诺内达尔罕亲王——《大黄册》与《王公表传》等文献作"诺诺"；《阿萨拉克齐氏的历史》作"乌忽诺""斡诺忽"。

勒[1]，其子拉旺贝勒（其子孙在乌兰察布盟[2]）。

詹达固密贝勒之子旺扎勒贝子[3]。

达赖岱青之子札萨克诺尔布，其子札萨克台吉礼达尔[4]，其子札萨克台吉旺素克[5]。他们是阿布瑚墨尔根的子孙。

诺诺和卫征四子图蒙肯都伦赛音诺颜，其子卓特

JLQF

①詹达固密贝勒——《王公表传》作“札达古米”；还有的书作“禅达瓜米”。

②盟——蒙古语卯日干，意思是“集会”。是清朝政府在蒙古北元达延可汗巴图蒙克改革的六个图们基础上改建起来的蒙古社会组织。比旗大，但没有行政札萨克职权。清代卯日干有：哲里木卯日干、昭乌达卯日干、呼伦贝尔卯日干、锡林郭勒卯日干、伊克昭卯日干、乌兰察布卯日干等。中华民国时期，保持清朝时期蒙古地区的一切，基本没有任何变更。中华人民共和国成立后，逐步改变成盟市。盟的称谓延用，市则成了有人事任免权的地级机关。

③旺扎勒贝子——又作“旺吉勒贝子”。

④札萨克台吉礼达尔——《大黄册》与《阿萨拉克齐氏的历史》作“亦里德尔”，又作“拉达尔”。

⑤札萨克台吉旺素克——《大黄册》作“旺楚克”。

巴彻辰、哈都斯喜布额尔德尼卫征（他出家为僧后以诺敏额真著称）、色棱都喇勒诺颜、额尔和楚琥尔、绰克图卫征、察斯喜布昆都伦乌巴什[1]、扎木本台吉[2]、班珠尔额尔克宰桑（他出家后改名为丹津托音）[3]、巴特尔额尔德尼（他出家后改名为毕玛里吉哩谛）、锡纳喇克萨特彻辰洪台吉、桑噶尔扎伊勒登和硕齐[4]、巴

①察斯喜布昆都伦乌巴什——《大黄册》与《阿萨拉克齐氏的历史》作“察斯扎布”。

②扎木本台吉——又作“延布么台吉”;《大黄册》作“占卜莫台吉”。

③班珠尔额尔克宰桑——此人后来出家当了喇嘛，而改名为“丹津托音”。

④桑噶尔扎伊勒登和硕齐——《大黄册》作“桑哈尔斋”；《阿萨拉克齐氏的历史》作“桑尔斋”。

林扣肯[1]、衮布昆都棱岱青十二子[2]。

长子卓特巴彻辰，其子达尔巴绰里木和硕齐[3]、善巴哈丹巴特尔（他出家后改名为达尔玛扎布）、齐曼楚琥尔[4]、索诺木彻辰岱青。

齐曼楚琥尔之子札萨克台吉图巴[5]。

索诺木彻辰岱青之子镇国公鄂巴达（他们是卓特

---

①巴林扣肯——《大黄册》与《阿萨拉克齐氏的历史》均作“巴哈尔扎侯很”；又作“巴润侯很”。

②衮布昆都棱岱青十二子——《阿萨拉克齐氏的历史》称：“卓特巴斯琴诺颜、坎杜斯扎布额尔德尼卫征诺颜（他出家当喇嘛后以诺敏额真著名）、车璘都儿哈勒诺颜、罗雅克额尔克楚琥尔、扎雅克绰克图卫征诺颜、察斯扎布昆都伦乌巴什、禅布勒台吉、巴莫珠儿额尔克斋桑（出家后改名为丹津托音）、巴特尔额尔德尼诺木齐（他成乌巴什之后改名为必玛里吉里迪）、萨尔扎达云洪台吉、桑尔杰伊勒登和硕齐、巴哈尔扎侯很、衮布混杜棱岱青德古日格克齐十三人”。

③达尔巴绰喇木和硕齐——《大黄册》与《阿萨拉克齐氏的历史》作“绰鲁穆”；又作“琢里穆”。

④齐曼楚琥尔——“楚琥尔”原为吐蕃特语，意思是“法论”。

⑤札萨克台吉图巴——本书亦漏掉了“本塔尔”，图巴实为本塔尔之子，齐曼楚琥尔之孙。《大黄册》作“察曼楚琥尔之子台吉本塔尔岱青楚琥尔，其子札萨克台吉图巴”；《阿萨拉克齐氏的历史》作“楚琥尔喇嘛之子本塔尔岱青楚琥尔。衮布诺门达赖。岱青楚琥尔之子图巴额尔克阿海”。《王公表传》亦作如此表述。

巴彻辰的子孙）。

次子哈都斯喜布诺敏额真之子伊勒登都古尔克齐绰克图伊勒都齐、岱青和硕齐额尔德尼诺木齐、罗卜藏托音等。

伊勒登绰克图①之子伊特格勒图耐喇图札萨克亲王善巴②、绰克图阿海③等。

岱青额尔德尼之子扎木本卓里克图、墨尔根阿海、本塔尔、木察勒、喇什端罗布④、多尔济⑤。

墨尔根阿海⑥之子旺舒克公⑦，其子占色公。

罗卜藏托音之子札萨克台吉素岱（他们是诺敏额

①伊勒登绰克图——就是上文“伊勒登都古尔克齐绰克图伊勒都齐”的简化。

②伊特格勒图耐喇图札萨克亲王善巴——又作“善巴”。《阿萨拉克齐氏的历史》上以“我本人是宾八额尔克岱青”来说明了《阿萨拉克齐氏的历史》的编者。

③绰克图阿海——《阿萨拉克齐氏的历史》作“善巴达尔绰克图阿海”。

④喇什端罗布——《大黄册》作“喇什栋鲁布”；《阿萨拉克齐氏的历史》亦作“喇什栋鲁布”。

⑤岱青额尔德尼之子……多尔济——《大黄册》与《阿萨拉克齐氏的历史》均作“七人”。

⑥墨尔根阿该——就是上文“墨尔根阿海”。

⑦旺舒克公——又作“旺楚克公”。

真后裔）。

三子色棱都喇勒之子衮布墨尔根，其子郡王达尔扎[1]，其子郡王固鲁什喜。

四子额尔和楚琥尔，其子诺们汗玛堪布瓦·班迪达呼图克图[2]。

五子绰克图卫征，其子衮卫征阿玉什。

六子昆都伦乌巴什，其子扎木杨和硕齐、额尔克岱青二人[3]。

扎木杨之子伊达木墨尔根[4]。

额尔克之子札萨克台吉纳木扎勒。

---

①郡王达尔扎——《大黄册》作“郡王多尔济雅”；《阿萨拉克齐氏的历史》作“达尔吉雅王”。

②诺们汗玛堪布瓦·班迪达呼图克图——《大黄册》作“冉布班第达呼图克图”；《阿萨拉克齐氏的历史》作“班第达呼图克图”；又作“木梵布瓦班第达呼图克图”。

③昆都伦乌巴什之子……二人——《阿萨拉克齐氏的历史》称:“扎密杨岱青和硕齐、图巴额尔克岱青、琳沁额尔德尼岱青、固鲁墨尔根岱青、青台吉、忽格布里额尔克绰克图、萨穆登伊勒登、莎拉布宾图阿海、博迪扎布额尔克阿海”九人。《大黄册》只列出“扎密杨岱青和硕齐”一人。

④伊达木墨尔根——又作“额尔德木墨尔根”。

七子扎木本，其子布纳达喇岱青[1]、布喇密伊勒登二人[2]。

八子班珠尔额尔克宰桑，其子衮吉斯格阿海、素布尼冰图、额琳沁绰克图、拉扎布额尔德尼、散丹绰克图、博第扎布、达木林扎布、固鲁扎布、纳木扎勒扎布、哈屯扎布十人[3]。

九子巴特尔额尔德尼之子毕齐克泰岱青，其子札萨克台吉丹津。

十子锡纳喇萨特彻辰之子色特尔岱青、阿敏诺木齐、察噶布图尔彻辰、札萨克台吉色木吉德、巴扎尔乌巴什、索诺木朋素克、额尔德尼巴特尔、扎木扔额

金轮千辐

①布纳达喇岱青——《大黄册》与《阿萨拉克齐氏的历史》均作“贝达喇岱青”；有的蒙古文文献作“博迪达喇岱青”。

②扎木本，其子……布喇密伊勒登二人——“布喇密伊勒登”在《大黄册》作“布玛密”；《阿萨拉克齐氏的历史》称：“贝达喇额尔克岱青、布密额尔德尼台吉、诺颜呼图克图”三人。

③班珠尔额尔克宰桑，其子……哈屯扎布十人——《阿萨拉克齐氏的历史》称：“斯达钦托音（班穆珠尔额尔克宰斋桑）之子衮吉斯格额尔克台吉、素布尼宾图阿海、托音墨尔根岱青、阿喇纳绰克图台吉、拉扎布额尔德尼阿海、禅达绰克图阿海达木林扎布、固鲁扎布青台吉、博迪扎布额尔克阿海、那木扎勒。哈屯扎布十人”。《大黄册》将“禅达绰克图阿海达木林扎布”分成“禅达绰克图阿海”和“达木林扎布”二人。

尔赫、绰斯喜布、色布腾、绰什喜多尔济、额琳沁多尔济、车旺多尔济、丹津墨尔根、拉旺达瓦尼、玛哈萨图十六人[①]。

察噶布图尔彻辰之子札萨克台吉布尼额尔克，其子札萨克台吉阿里雅[②]。

十一子桑噶尔扎伊勒登和硕齐，其子都噶尔伊勒登、多尔济额尔克、伊喇古克散诺颜呼图克图三人。

都噶尔伊勒登之子萨噶鲁伊勒都齐，其子额尔德尼诺颜、却尔济、伊德尔、博第札萨克等。

十二子巴雅尔察（前文所说巴林）扣肯[③]，其子纳玛斯喜布岱青[④]、散丹伊勒登[⑤]、哈屯（根敦）洪台

---

①锡纳喇萨特彻辰之子……十六人——《阿萨拉克齐氏的历史》只表述了十四名，这里出现的“玛哈萨图”不见。《大黄册》将此人名写成“玛哈西都瓦”。“察哈布图尔彻辰”又作“察哈巴特尔”“察克必图尔”；“绰斯乞布台吉”又作“戳扎布台吉”；“丹钦莫尔根”又作“丹津莫尔根”。

②札萨克台吉阿里雅——又作“札萨克台吉阿里雅”。

③巴雅尔察扣肯——又作“巴哈尔察扣肯”“巴哈尔扎扣肯”“巴哈尔察扣肯”等。

④纳玛斯喜布岱青——又作“纳玛斯乞布岱青”“纳玛扎布岱青”等。

⑤散丹伊勒登——又作“昝丹伊勒登”“禅丹伊勒登”等。

吉[1]、绰斯喜布冰图[2]四人。

散丹伊勒登之子玛迪绰克图（他们是图蒙肯都伦赛音诺颜十二个儿子的后裔）。

诺诺和卫征的五子巴赉（巴赖）和硕齐[3]，其子图蒙肯绰克图洪台吉[4]，其子鄂齐尔伊玛克[5]的阿尔斯兰、喇达纳额尔德尼、龄华彻辰[6]、噶尔玛珠衮扎干[7]、阿萨拉勒额尔克岱青五人。

珠衮扎干[8]之子辅国公素岱。

（他们是巴赉和硕齐的后裔。诺诺和卫征的后裔为执掌土谢图汗部的诺颜。其中有两位额驸亲王、丹津王等。他们当中名声显赫者甚多，但不知其详情，望知者予以补缺。）

格列山四子阿敏都喇勒（其兀鲁思叫和罗库伦、朝固忽尔[9]）之子多尔济阿海、谟罗彻辰可汗卓尔齐海哈喇扎萨勒[10]二人。

---

①哈屯洪台吉——又作“根敦洪台吉”。

②绰斯喜布冰图——又作“绰吉扎布宾图”。

③巴赉和硕齐——《阿萨拉克齐氏的历史》与《大黄册》均作“巴哈来和硕齐”。

④图蒙肯绰克图洪台吉——又作“图蒙津绰克图洪台吉”。

⑤伊玛克——《阿萨拉克齐氏的历史》与《大黄册》均作“伊玛克”

为“爱玛克”。

⑥龄华彻辰——又作“莲花斯琴”。

⑦噶尔玛珠衮扎干——《阿萨拉克齐氏的历史》与《大黄册》均作“噶尔玛珠衮扎干”；又作“噶尔玛乌克温扎南”。

⑧珠衮扎干——上文“和尔穆珠衮扎干”的简化。

⑨和罗库伦、朝固忽尔——哈拉哈历史学家达·龚格尔先生称：“土谢图汗部和彻辰汗部的档案中常见‘绰忽忽尔’‘也和 巴嘎 绰忽忽尔’‘忽鲁胡’鄂托克等名词，而不见有关‘诸库伦’的记载。在17世纪中叶，从土谢图汗部分离，迁徙到内蒙古的一个哈拉哈旗被称为‘出忽忽尔哈拉哈’，另外内蒙古地区还有一个叫‘库伦 哈拉哈’的旗。以此看，忽鲁胡、库伦、出忽忽尔为各自独立的鄂托克。忽鲁胡与库伦似乎是从古代蒙古游牧形式中产生的名词。出忽忽尔不是鄂托克之成分，可能是指‘阿拉克 出忽忽尔’（汉语意思是花斑）的变体。可以肯定的是，以上诸鄂托克隶属于16世纪之后的哈拉哈彻辰汗部。他们之中的哪一个都不是从外地迁徙过来的，而是在17世纪上半叶，随着时代的变迁，从哈拉哈应运而迁出去的古老蒙古三鄂托克。”（达·龚格尔：《哈拉哈 脱必赤安》第一册179—180页，乌兰巴托1978年蒙古文版）

⑩谟罗彻辰可汗卓尔齐海哈喇扎萨勒——《大黄册》称：“格埒森扎札剌亦儿洪台吉之四子阿敏都喇哈勒，其子多尔吉阿海哈喇扎哈勒、茂茹贝玛，哈喇扎哈勒无嗣”；《阿萨拉克齐氏的历史》称：“阿敏都喇哈勒诺颜之子多尔吉阿海哈喇扎哈勒图忽尔、茂茹贝玛二人，哈喇扎哈勒无嗣”；从这里看，“多尔吉阿海”与“多尔吉海哈喇扎哈勒”似乎是“多尔吉海哈喇扎哈勒”一个人的名字。

谟罗彻辰之子硕垒彻辰达赖济农玛哈萨玛迪[①]，其子麻察里土谢图[②]、拉布里额尔克台吉、察布里额尔德尼乌巴什、巴布彻辰汗、本巴达尔罕、绰斯嘉布乌巴什贝子[③]、阿南达济农、贝子车布登济农、哈喇达什哈丹巴特尔、达赖洪台吉、贝子布达扎布等十一子[④]。

麻察里土谢图之子阿尔可汗（阿拉纳）墨尔根[⑤]、

---

①硕垒彻辰达赖济农玛哈萨玛迪——其中的"硕垒"在《大黄册》与《阿萨拉克齐氏的历史》均称"西垒彻辰达赖济农玛哈萨玛迪"，这是哈拉哈方言现象。

②麻察里土谢图——《大黄册》与《阿萨拉克齐氏的历史》均称"玛齐赖土谢图"。

③绰斯嘉布乌巴什贝子——又作"绰扎布乌巴西贝子"。

④谟罗彻辰之……十一子——《阿萨拉克齐氏的历史》称："彻辰可汗之子麻察里伊勒登土谢图、拉布里额尔克台吉、察巴里额尔德尼乌巴西、巴巴彻辰可汗、本巴达尔罕洪台吉、绰斯喜布乌巴西洪台吉、阿南达额尔克洪台吉、唐兀惕额尔德尼洪台吉、西拉巴喇什哈丹巴特尔、达赖洪台吉、博迪扎布额尔克台吉十一人"；在《大黄册》有区别的是将"阿南达额尔克洪台吉"称"贝子达赖济农"；将"唐兀惕额尔德尼洪台吉"称"贝子策布登济农"。

⑤阿尔可汗墨尔根——《大黄册》作"阿喇纳莫尔根"；

萨齐宰桑[①]、贝子达喇什[②]三人。

拉布里之子宰桑洪台吉，其子札萨克台吉尹察纳[③]。

巴布彻辰汗之子诺尔布彻辰，其子喇布坦彻辰汗、郡王朋素克喇布坦、郡王纳木扎勒三人。

诺尔布彻辰汗之子索诺木彻辰汗。

绰斯嘉布乌巴什[④]之子车棱喇什公[⑤]。

贝子阿南达之子札萨克官楚克贝子丹津[⑥]。

---

①萨齐宰桑——又作“萨齐斋桑”或“色车宰桑”。

②贝子达喇什——《大黄册》作“达里”；《阿萨拉克齐氏的历史》作“答里”。

③札萨克台吉尹察纳——《大黄册》作“尹扎纳”；《阿萨拉克齐氏的历史》作“尹匝纳”。

④绰斯嘉乌巴什——又作“绰斯乞巴乌巴什”或“绰吉乌巴什”。

⑤车棱喇什公——《大黄册》作“车璘达西公”；《阿萨拉克齐氏的历史》作“岱青洪台吉”。

⑥札萨克官楚克贝子丹津——又作“札萨克官齐卡贝子丹津”或“札萨克衮奇克贝子丹津”。

贝子车布登之子贝子[1]。

达赖洪台吉之子齐布登贝子[2]。

格列山四子阿敏都喇勒[3]的后裔执掌右翼彻辰汗左部。

格列山五子达里无嗣，其兀鲁思库克亦特、合答斤二部[4]。

格列山六子之兀鲁思伟唐兀惕、萨尔塔兀勒二部。

德勒德昆都伦诺颜之子鄂巴布克、忠图泰巴特尔[5]

---

①贝子车布登之子贝子——多余的字。

②齐布登贝子——“齐布登”又作“车布登”。《大黄册》称：“贝子阿南达之子札萨克台吉衮楚克贝子丹津，贝子车布登之子贝子阿勒达尔，达赖洪台吉之子达赖洪台吉，其子车布登贝勒”。这些人名均出现在《王公表传》上：阿南达——札萨克贝子；衮楚克——作“贡楚克”,阿南达长子,札萨克头等台吉；丹津——阿南达三子；车布登——西垒之子，札萨克贝子；阿勒达尔——车布登之子；达赖洪台吉——巴达玛达西，号达赖洪台吉；达赖洪台吉——丹巴，巴达玛达西长子，继承了其父亲达赖洪台吉之号；车布登——丹巴达赖洪台吉之子，号额尔克台吉。

③阿敏都喇勒——又作“阿敏都拉哈勒”。

④格列山五子达里无嗣……其兀鲁思库克亦特、合答斤部——根据《大黄册》与《阿萨拉克齐氏的历史》中的“达赖台吉无嗣，其兀鲁思为库克亦惕、哈塔斤”而更正。

⑤忠图泰巴特尔——《大黄册》与《阿萨拉克齐氏的历史》均作“准图巴特尔”。有书作“忠图岱巴特尔”。

二人。

鄂巴布克之子噶勒图[1]，其子伊勒登[2]，其子罗卜藏贝勒。

次子忠图泰，其子昂哈楚（昂哈图）彻辰[3]、丹达海（达瓦海）墨尔根[4]、鄂木布楚琥尔、乌审伊勒登[5]、青巴特尔等。

乌审伊勒登之子郡王（亲王——译者）锡喇阿海[6]（他们是德勒德昆都伦的后裔，掌萨尔塔兀勒、唐古

---

①噶勒图——《大黄册》作“嘎勒图诺颜”；《阿萨拉克齐氏的历史》称“哈喇忽图诺颜”。

②伊勒登——《大黄册》称“博勒布宾图之子雅勒丹诺颜”；《阿萨拉克齐氏的历史》亦作“博勒布宾图之子雅勒登”。又作“伊勒登”。

③昂哈楚彻辰——《大黄册》称“昂哈图彻辰”；本书作“昂汗珠彻辰”；

④丹达海墨尔根——《大黄册》作“答亦海墨尔根”；《阿萨拉克齐氏的历史》称“达雅海墨尔根”。

⑤乌审伊勒登——《大黄册》作“乌先雅勒丹”；《阿萨拉克齐氏的历史》称“乌先雅勒登丹巴托音”；本书作“乌宪伊勒登”。

⑥郡王锡喇阿海——《王公表传》称其为“亲王”；《大黄册》作“萨仁阿海”；《阿萨拉克齐氏的历史》则称“萨仁彻辰”；本书作“西拉阿海”。

特二部）。

格列山七子萨木贝玛敖特可汗诺颜（他的属民是兀梁海部），其子崆奎卓尔忽勒[1]、忠素达尔罕、布固拜达尔罕、钦达干赛音玛吉克、特木德该绰克图、海兰楚琥尔、和喇卫征[2]等。

钦达干玛吉克[3]之子唐兀特墨尔根岱青，其子丹津岱青卓里克图[4]，其子巴达兰扎岱青卓里克图（他们是萨木贝玛敖特可汗诺颜的后裔[5]，赴青海掌管兀梁海部）。

格列山的这些子孙在三汗（部）中成立哪七个哈拉哈鄂托克？他们这里在哲卜尊丹巴呼图克图以前由

---

①崆奎卓尔忽勒——《大黄册》作“洪格尔扎尔忽勒”；《阿萨拉克齐氏的历史》称“洪格尔珠儿哈勒”；本书作“洪瑞斡尔汗”。

②和喇卫征——又作“忽兰卫征”。

③钦达干玛吉克——本书作“禅达干赛音玛吉克”或“钦达干玛吉克”等。

④丹津岱青卓里克图——又作“岱钦岱青中卓里克图”。

⑤他们是萨木贝玛敖特可汗诺颜的后裔——本书与《大黄册》只把萨木贝玛敖特可汗诺颜之子中的禅达干玛吉克一系列了出来。而《阿萨拉克齐氏的历史》则将其七子清楚地表述了出来。禅达干贝玛是萨木贝玛敖特可汗诺颜的四子，其次子多尔吉喇布坦伊勒登在准噶尔博硕克图可汗噶尔丹与清政府的战争时期避难，带领属辖部众迁徙到青海居住。他们是青海哈拉哈右旗的起始。此事在《王公表传》记录得很清楚。

哪些喇嘛传播了宗教？大清国康熙二十九年庚午年归顺大清后，设置六十七个旗。之前曾有多少个鄂托克？什么名称？如今这些旗中有几个著名人士等全然不知。他们的家族中显现过两世哲卜尊丹巴格根转世；两世班第达诺门可汗转世；两世诺颜却尔济、萨思嘉班第达格根转世，这些贤达中哲不尊博格根驾临这里，扶助宗教及众生灵。

巴图蒙克达延可汗的九位儿子中
在左右六图们兀鲁思里迁居而
依法执掌者全是成吉思可汗的子孙
他们均受大清国的皇恩厚禄。
托一个人之福繁衍众多子孙
承蒙皇恩得到厚禄安享
统辖各自的兀鲁思部众
成为最大的皇氏庶民。
承天启运降生的成吉思可汗，
诞生在黄金家族以来
捍卫蒙古政权历经五百多年
而那主权之福禄实可慨叹！
自博格达可汗世代传承，
至今已有四十多代，
始终尊严圆满且今得份级
真是佛尊佑护，可叹！
自古开创的诸可汗源流
如此传承四十多代

姓氏国度名声不一
但始终未失原状，是多么稀奇！
英明圣主的气魄超凡
其后有中掌省级官员者甚多。
照管国之属民始终如一
遇得英明的大清国即是奇缘！
因极为兴盛而出现轻浮
因兄弟间实力相当而纷争
但却一切不良后果得以避免
仰仗朝廷之神威而被重用是为奇缘！
长生天赐予的隆恩厚禄
皇恩照应下的空前护佑
百姓遇见的太平盛世
国泰民安的伟大朝政。
将天命圣主成吉思可汗降生之原因
及其后继诸可汗的实录和行为准则
生在扎鲁特旗聪慧的答里麻我
札萨克大汇总师固什素玛第什喇
逐成是书为使用者提供方便。

这部分记述了成吉思可汗后裔所分出的九个儿子的姓名、称号及在大清国被封省王者的详细内容。

第五册

成吉思可汗诸弟合撒儿[①]、别勒古台[②]、哈赤温[③]、斡惕赤斤[④]的后裔之分支。

在此部分里对哈布图合撒儿、布克别勒古台、噶扎尔奇哈赤温、卫图斡惕

·别勒古台与他传说中的烈马·

①合撒儿——成吉思可汗的弟弟，又作“拙赤合撒儿”“哈萨尔”“哈布图哈萨尔”等。嫩科尔沁部、和硕特部、乌拉特部、四子部、茂明安部等部领主的始祖。

②别勒古台——成吉思可汗异母弟弟，又作“博克伯勒格台”。为阿巴嘎、阿巴哈纳尔两部领主的始祖。

③哈赤温——成吉思可汗的弟弟，本书作“嘎扎尔齐哈齐忽”“哈齐忽”。为翁牛特部领主的始祖。

④斡惕赤斤——又作“帖睦格斡惕赤斤”“卫图鄂楚浑”等多种。为乌济业特部领主的始祖。

· 合撒儿雕像 ·

赤斤等人的后裔及兀鲁思亲族部落的记述如下：

圣主成吉思可汗的一奶同胞合撒儿额真之子（甲申年生）[1]齐川王[2]吉格里、恩克铁木儿[3]、图塔克堂阿[4]巴特尔三人。

恩克铁木儿之子安答什里噶勒珠，其子西必锡喇们[5]，其子格根格

---

①（甲申年生）——这里指的是合撒儿的诞辰年，即公元1264年，甲申年。

②齐川王——是淄川王的异写。合撒儿长子也苦被封为淄川王。又作“吉格里”“鄂苦”“雅西”。

③恩克铁木儿——据有关文献记载，合撒儿有很多子孙，约四十多人。《元史》著名的有也苦、移相哥、脱忽三人；《史集》称：“也苦、图忽、也孙古”；《恒河之流》作：“淄川王雅西、苏米尔台吉、脱忽布台吉”三人。

④图塔克堂阿巴特尔——合撒儿幼子“脱忽”。又作“托克唐嘎巴特尔”“脱忽布台吉”。

⑤西必锡喇们——本书作“安达西里哈勒吉忽”“安达西里”“安答西里噶勒珠”“ 西必锡喇玛惕”等多种。

博讷克图[①]，其子布尔哈彻辰，其子乌尔嘎沁彻辰，其子阿克萨阿勒岱（有的书称铁木儿台吉之子锡都，其子齐王巴布沙、毕里衮台吉、洪果尔三人。洪果尔之子班布古尔台吉、齐王龙特木尔、巴雅尔特木尔。他们之中某一个人的儿子或孙子是阿克萨阿勒岱）。

阿克萨阿勒岱之子阿鲁克特木尔、乌鲁克特木尔二人。

阿鲁克特木尔之子阿克塔哈里克[②]，其子珠忽、脱忽、珠松固兄弟三人[③]。

脱忽之子脱木喇瑚巴特尔，其子哈赤曲鲁克，在顺帝妥懽帖睦尔可汗撤出北京时，迎战乞塔特追兵，

---

①格根格博讷克图——又作“格根格博能图”。

②阿克塔哈里克——又作“安达嘎里克”。

③珠忽、脱忽、珠松固兄弟三人——这是合撒儿三子“也苦、脱忽、移相哥”三人名字的重复。大元朝政被赶出中原地区之后，蒙古族社会政治、经济、军事、文化各方面均失去了正常的运转。在这混乱中，蒙古人一向重视的祖先世袭谱也中断。后来，社会趋向安定之后，补充这段中断的系谱时，可能是为注明合撒儿以下系统的脉搏，加上了这三位的名字。

死在阵前。

也松固[①]之子秀什岱巴特尔[②]，他在阿台可汗[③]与太松可汗[④]时期立下汗马功劳。

瓦剌也先太师设圈套，请以锡古苏台巴特尔斡克[⑤]为首的三十人避过灾难（他有无子孙不祥）。

可儿及其亲朋全部被杀死。

锡古苏台的弟弟诺颜孛罗特[⑥]（乌嫩·孛罗特）王驻牧在别处，而锡古苏台的幼子孛罗乃，小时候被瓦剌虏获。一个瓦剌人抓住一只鸟，却不知什么鸟，有一个光着屁股的小孩看了看说："此鸟嘴巴大，爪子尖利，翅膀宽硬，尾巴尖。是皂雕的雏鹰，称哈察尔塔尔巴特"。那个人将此事告诉了也先太师，也先说："这个小孩很可疑，锡古苏台巴特尔的儿子至今尚未找到，他肯

---

①也松固——也作"也孙格""伊孙哥""移相哥"，是合撒儿次子的名字。

②秀什岱巴特尔——是上文曾出现的"锡古苏台"或"锡古苏台巴特尔"。

③阿台可汗——又作"阿岱可汗"。

④太松可汗——又作"岱宗可汗"。

⑤锡古苏台巴特尔斡克——为"锡古苏台巴特尔王"之误。

⑥诺颜孛罗特——又作"乌讷博罗特王"，合撒儿后裔，科尔沁部的王。

定是凶狠的锡古苏台巴特尔之子！把他找回来杀了！”并立即派人去抓那个孩子。索伦古惕部桑忽勒岱的妻子哈喇克沁太福晋将那个孩子扣在大锅底下，用牛粪埋好之后，将自己的孩子交给来搜捕的人看。他们说：“这不是那个孩子！”没有找到他。那个福晋教导孩子说：“今后你对任何人都说自己是瓦剌人！”之后，把他藏到卫拉特部伊拉楚伯颜家里抚养。哈喇克沁太福晋对丈夫说：“这是我们诺颜的独苗，得把他送到蒙古去！”她丈夫没有同意。于是，太福晋与儿子玛哈西一同偷偷地领回孛罗乃，把他送到诺颜孛罗特处。诺颜孛罗特王说：“你是卓硕图王[①]的后裔，是为长兄，理当你成为主子”，说着将七鄂托克科尔察[②]交给孛罗乃掌管[③]。

①卓硕图王——《黄金史》称：“要素图阿哈”，意思是有资格继承父业的人。“卓硕图”是“有资格”或“理应继承王位”的人的意思。

②七鄂托克科尔察——“科尔察”为“科尔沁”之误。

③将七鄂托克……交给孛罗乃掌管——七鄂托克分别是：新明安、塔本茂明安、乌拉特、塔塔喇沁、博达沁、阿拉塔沁、豁罗剌思七部。这是科尔沁南下东迁之前的属部。

孛罗乃有八子，乌尔多海博彦图[①]、图美尼雅哈齐[②]、图鲁根阿萨玛鲁[③]、鄂博岱洪果尔、蒙克博勒忽、布尔尼、诺木什里[④]等（其后六个弟弟的后裔情况不详）。

·蟠螭纹玉璧·

长子乌尔多海博彦图诺颜执掌五茂明安，其子栋辉诺颜，其子噶勒图阿剌黑可汗，其子土谢图沙喇可汗，其子多尔济布延图可汗、固穆贝勒二人。多尔济布延图汗之子诺尔布齐根瓦齐尔汗[⑤]，其子札萨克台吉僧格，其子诺尔布札萨克，其子札萨克台吉色旺锡

---

①乌尔多海博彦图——又作“斡儿多古海诺颜”或“斡儿多忽海诺颜”，对达延可汗统一事业有功。

②图美尼雅哈齐——又作“图美吉雅哈齐”。

③图鲁根阿萨玛鲁——又作“鄂色莫勒拜”或“鄂色米伦”等。

④诺木什里——又作“鄂们西里”或“诺门西里”。

⑤诺尔布齐根瓦齐尔汗——又作“诺尔布齐根斡齐儿可汗”或“诺尔布察干斡齐儿可汗”。

喇布等。

固穆贝勒之子图巴贝勒，其子罗卜藏锡喇布贝勒，其子近卫德穆楚克拉旺等人，其子内齐台吉，其子瓦齐尔台吉[1]，其子是东方宗教上师托音喇嘛恩卡斯德伯克博萨旦巴扎木詹格根（他们的分支难以统计，故概略。如今是掌管明安旗的诺颜）。

次子图美尼雅哈齐，其子奎蒙克塔斯哈喇、巴衮诺雅惕[2]、布尔海诺颜三人。

奎蒙克塔斯哈喇占据科尔察十旗[3]，其子博第达喇卓尔固勒[4]、诺门达喇噶勒珠诺颜二人。

博第达喇卓尔固勒的大哈屯吉格伦[5]生齐齐克巴特尔[6]、纳穆赛都喇勒、乌巴什敖特根诺颜三人。

小哈屯生温台[7]、和托果尔、托多哈喇伯升三人。

西房哈屯吉鲁根生额勒济格卓里克图。

JLQF

①瓦齐尔台吉——又作“斡齐儿台吉”。

②巴衮诺雅惕——为“巴衮诺颜”之误。

③科尔察十旗——为“科尔沁十旗”之误。

④博第达喇卓尔固勒——又作“博迪达喇卓尔忽勒”。

⑤大哈屯吉格伦——又作“大哈屯吉克兰”。

⑥齐齐克巴特尔——又作“彻彻格巴特尔”。

⑦温台——又作“斡克台”。

东房哈屯哈喇尼敦生乃斯瑚彻辰楚琥尔[①]、阿敏巴噶诺颜九人[②]。长子齐齐克巴特尔之子占齐尔翁果岱忽喇齐[③]、锡喇克沁、哈布岱、巴布岱、诺木图[④]五人。

翁果岱忽喇齐之子奥巴土谢图汗、布达齐札萨克图都棱、巴噶（无嗣）三人。

奥巴土谢图汗之子巴达礼土谢图亲王，其子公主额驸巴雅斯呼郎土谢图亲王、额驸贝勒谢津[⑤]、必里克图、布延图、鄂齐尔[⑥]、布达六人。

和硕额驸巴雅斯呼郎土谢图亲王之子土谢图亲王阿尔善、素珠克图[⑦]（无嗣）二人。

阿尔善王之子额勒德布图、额勒德布格埒勒图、鲁巴、乌勒吉图和硕亲王、色布腾、呼图克、额尔克、

---

①乃斯瑚彻辰楚琥尔——又作“乃斯忽”。

②阿敏巴噶诺颜——在这里记载了奎蒙克塔斯哈喇的子孙。汉文文献将其认为科尔沁部兴盛的关键人物。《登坛必究》记载的人名几乎本书全有。还有日本人和田清也进行过详细的研究。

③翁果岱忽喇齐——又作“翁阿岱巴特尔”“翁果岱忽喇齐”“汪忽岱”“旺忽达”等多样。据文献形容其长相记载，应该“翁果岱”为准确。

④诺木图——又作“斡木图”。

⑤额驸贝勒谢津——为“额驸贝勒沙津”之误。

⑥乌齐尔——又作“瓦齐尔”或“斡齐儿”。

⑦素珠克图——又作“素由格图”。

巴达尔瑚、多尔济喇什九人。

乌勒吉图土谢图亲王之子和硕土谢图亲王喇布坦、近卫喇什、额驸多尔济①、额驸索诺木四人。

贝勒王色钦②之子贝勒阿必达、阿木尔哩瑚、呼必勒罕台齐③三人。

贝勒阿必达之子贝勒多尔济、诺门桑④等。

必里克图之子茂罕、图尔克第等。

布延图之子博第弼玛喇·图萨拉克齐。

博第之子诺木齐额尔和图衮楚克⑤等。

衮楚克之子额驸固穆。

鄂齐尔之子阿里喇瑚、图萨拉克齐毕里衮达赉。

阿里喇瑚之子阿南达喀尔必⑥等。

---

①额宝多尔济——为“额驸多尔济”之误。

②贝勒王色钦——上文出现的“额驸贝勒谢津”与此“贝勒王色钦”，均为“沙津”之误。

③呼必勒罕台齐——“呼必勒可汗台吉”之误。

④诺门桑——本书作“奥穆桑”。

⑤诺木齐额尔和图衮楚克——又作“诺木齐额尔克图衮楚克”。

⑥阿南达喀尔必——本书作“阿哈达喀尔拜”。

毕里衮达赉之子色旺扎布[1]、敏珠尔多尔济[2]等。

敖特根布达图萨拉克齐之子索诺木旺扎勒图萨拉克齐。

·成吉思汗与合撒儿雕像·

锡喇克沁[3]、巴布岱、哈布岱、诺木图等人的后裔

①色旺扎布——本书作“色旺雅布”。

②敏珠尔多尔济——又作“米克尤尔多尔济”。

③锡喇克沁——本书作“西兰沁”。

金轮千辐

是土谢图亲王旗巴噶诺雅惕[1]（他们是奥巴汗的子孙，掌管科尔沁右翼中旗）。

次子布达齐杜棱札萨克图都棱之子拜斯噶勒札萨克图王、拜噶勒海里、海斯呼、札萨克额驸多尔济、诺尔布额琳沁和硕额驸[2]、多尔济、满珠习礼、固穆、绰什喜[3]、额尔德尼等十九人。

拜斯噶勒王之子鄂齐尔札萨克图王、别乞二人。

鄂齐尔札萨克图王之子达纳、布特格勒图、阿萨喇勒图、格埒克图、札萨克图王萨祜拉克、纳素图、乾达牟尼、达尔扎[4]等十人。

王萨祜拉克之子札萨克图王沙津德勒格尔[5]。

别乞之子德勒格尔、纳逊布特格勒、额尔德木图等四人。

额驸诺尔布之子哈都斯扎布[6]，其子喇特纳。

额驸多尔济之子伊勒尔赫耶，其子喇布坦。

---

①巴噶诺雅惕——科尔沁右翼中旗（图什业图）古代鄂托克之一，意为“小官人们”。

②诺尔布额琳沁和硕额驸——这个人名是依据哥本哈根版本所增加的。

③绰什喜——为“乔吉”之古代写法。

④达尔扎——这个人名是依据哥本哈根书版本所增加的。

⑤札萨克图王沙津德勒格尔——本书作“札萨克图王沙新德勒格尔”。

⑥哈图扎布——本书作“哈图斯喜布”。

固穆之子乌尔图纳素图，其子图萨拉克齐巴图。

绰什喜布克之子鄂齐尔、乌尔图纳素图、图萨拉克齐肯第[①]。

额尔德尼之子毕里克图、珠格、毕希勒噶勒、锡图根四人。

毕里克图之子班第。

珠格之子图萨拉克齐阿必齐。

毕希勒噶勒之子巴图喇瑚。

锡图根之子达尔扎詹布喇[②]、纳逊乌勒吉、萨米雅、呼必勒罕阿格旺三丕勒[③]等（他们是翁果岱忽喇齐的次

---

①肯第——为“很台”的异写。

②达尔扎詹布喇——又作“达尔扎散巴喇”。

③呼必勒可汗阿格旺三丕勒——又作“呼必勒可汗阿旺占巴喇”。

子布达齐札萨克图杜棱的子孙，掌管科尔沁右翼前旗。本旗还有博第达喇卓尔固勒诺颜之子乌恩台[①]、和托果尔、托达哈喇伯升三人的子孙，被称为巴噶诺颜）。

博第达喇卓尔固勒次子纳穆赛都喇勒[②]，其子莽古斯[③]、扎鲁固齐诺颜布延图亲王[④]，谥号明安达尔罕诺颜[⑤]，额列洪果尔冰图三人。

扎鲁固齐布延图亲王之子宰桑布克诺颜（谥号青乌恩亲王）、国主皇后、鄂勒拜[⑥]三人。

宰桑青诺颜亲王[⑦]之子和硕卓里克图亲王乌克新[⑧]、察哈额布根贝勒[⑨]、郡王索诺木、和硕巴特尔达尔罕亲

---

①乌恩岱——又作“斡克台”或“温岱”。

②纳穆赛都喇勒——又作“纳木赛都喇勒”或“纳玛希都喇勒”。

③莽古斯——又作“忙忽思”或“明古斯”。

④扎鲁固齐诺颜博颜图亲王——为“扎尔忽赤诺颜博颜图亲王”之误。

⑤明安达尔罕诺颜——是扎尔忽赤诺颜博颜图亲王的谥号“明安答儿可汗诺颜”之误，多写了一个“哈”字。

⑥鄂勒拜——又作“敖里布格”。

⑦宰桑青诺颜亲王——又作“宰桑青乌嫩亲王”。宰桑，又作“斋桑”，为孝庄文皇后的父亲。

⑧卓里克图亲王乌克新——“卓里克图亲王乌克新”为“卓里克图亲王乌克善”之误。

⑨察哈额布根贝勒——为“察可汗额布根”之误。

王满珠习礼[1]四儿子及和雅尔博第松、西宫哈屯、太皇太后白度姆[2]等四女儿。

卓里克图亲王乌克善之子博第达（无嗣）、满达、达尔玛（无嗣）、萨玛果尔、珠勒扎嘎（无嗣）、额尔德尼、都勒巴等十八个儿子[3]。

满达之子珠根等四人。珠根之子毕里克图、阿尔古散等。

劳逊之子图萨拉克齐巴达玛什、公乌尔图那素图等。

巴达玛什之子图萨拉克齐额尔和图、阿穆尔龄贵等。

---

①和硕巴特尔达尔罕亲王满珠习礼——又作“和硕巴图鲁达尔罕亲王曼珠西里”。

②太皇太后白度姆——对孝庄文皇后的尊称。孝庄文皇后全名布木布泰（又作本布岱）。公元 1613 年（北元林丹可汗十年）出生于今黑龙江省杜尔伯特蒙古族自治县腰新乡格勒珠尔根古城附近。公元 1625 年（北元林丹可汗二十二年）二月，十三岁嫁给后金努尔哈赤第八子皇太极。孝庄文皇后历经后金皇太极、清顺治、清康熙三朝，呕心沥血，力挽狂澜，使清朝趋于稳定。被称为清朝“国母”。后人对她的历史功过，褒贬不一。

③卓里克图亲王……十八个儿子——据哥本哈根版本载：博迪达、满达、都尔玛、劳苏、图古讷嘿公、本巴齐、诺尔布、哈郎海、巴萨、班第公、苏马迪、萨达尔、萨木忽儿、米拉达哈尔额驸王、椎、珠里扎噶、额尔德尼、都勒巴等。哥本哈根版本漏掉了“萨达尔”。

公乌尔图那素图之子毕鲁扎纳、近卫阿勒坦桑等。

图固讷该[1]参加玛珠萨军到南方征战，被封为公爵。其子布尼公、罗卜藏、班第、和硕额真等。

布尼公之子萨玛第公。萨玛第公之子喇什色棱公等。

固伦额驸密勒塔噶尔卓里克图亲王之子额驸和硕卓里克图亲王巴扎尔（他被革职后，由小叔都勒巴晋升为亲王）。

额驸巴扎尔之子恭格、格图勒格、噶勒巴、额驸班第四人。

额驸班第之子根敦扎布、色旺扎布[2]等。

---

①图固讷该——本书作“图古嘿”。

②色旺扎布——本书作“色万扎布”。

博木博什之子毕里克图图萨拉克齐、毕斯瓦噶尔弼公①。

噶尔弼公②之子察可汗达喇公、扎木素等。

诺尔布之子别乞鄂齐尔③等。

班第公之子鄂齐尔、阿里喇瑚等。

卓依之子布延图等。

萨玛哈果尔④之子塔斯满等。

·合撒儿八世孙阿岱可汗·

额尔德尼之子必里衮达赖等。

卓里克图亲王都勒巴之子巴特玛卓里克图亲王，

①毕斯瓦噶尔弼公——本书作“毕斯瓦噶尔拜公”。

②噶尔弼公——是“毕斯瓦噶尔弼公”的缩（异）写。

③别乞鄂齐尔——本书作“别乞乌齐尔”。

④萨玛哈果尔——本书作“萨玛哈忽儿”。

其子阿勒坦格埒勒图卓里克图亲王、噶勒冰噶二人[1]。

阿勒坦格埒勒图卓里克图亲王之子扎木巴勒扎布卓里克图亲王[2]（他们是卓里克图亲王乌克善的后裔）。

次子察哈额布根贝勒之子绰尔济贝勒，其子鄂齐尔贝勒[3]、诺木齐额驸、额尔德尼额驸、诺木德勒格埒克齐[4]、必里衮达赉公、墨尔根毕里克图、敖特根达赖[5]七个儿子和皇太后、妃哈屯两个女儿。

鄂齐尔贝勒之子巴克什固尔贝勒、喇斯嘉布[6]等。

巴克什固尔贝勒之子阿喇布坦贝勒。

乌勒吉诺木齐额驸之子乌勒木济额驸、特古斯额驸、纳木巴[7]三人。

乌勒木济额驸之子额驸喇里达讷木克等。

额尔德尼额驸之子萨玛第等。

诺木德勒格埒克齐之子素玛第等。

---

①阿勒坦格埒勒图卓里克图亲王、噶勒冰噶二人——据哥本哈根版本所加。

②扎木巴勒扎布卓里克图亲王——为“扎木巴勒扎不卓里克图亲王”之异写。

③鄂齐尔贝勒——本书作“乌者尔贝勒”。

④诺木德勒格埒克齐——本书作“诺木德勒格勒克西”。

⑤敖特根达赖——本书作“斡达可汗达赖”。

⑥喇斯嘉布——本书作“喇斯喜布”，为“拉扎布”之异写。

⑦纳木巴——本书作“阿木巴”。

毕里衮达赉公之子贝子喇什等。

贝子额驸喇什之子公主额驸达尔玛达都、公主额驸欢保、安班（哈达）三人。

墨尔根毕里克图之子哈达克锡[1]、额驸多尔济色棱、额勒德布、赛音乌岳图、高什噶（近卫）衮楚克扎布等人。

哈达什之子随从侍卫吉勒都可汗等。

额驸多尔济之子额驸素克等。

散喇乌岳图[2]之子侍卫额驸多尔吉琥等。

敖特根达赖之子图萨拉克齐松迪等（他们是察可汗额布根贝勒的后裔）。

三子索诺木郡王之子公主额驸奇塔特王、桑噶尔杰[3]、巴特尔、额森四人。

公主额驸奇塔特王之子额尔德尼王、瓦齐尔、格埒勒图等七人。

额尔德尼王之子毕里克图王，其子诺们额尔克图[4]

①哈达克锡——又作“哈达锡”。

②赛音乌岳图——为上文出现的“赛音乌岳图”之误。

③桑噶尔杰——本书作“桑哈尔柴”。

④诺们额尔克图——本书作“斡门额尔克图”。

王等。

鄂齐尔[①]之子毕里衮达赉[②]、公主额驸班第、阿里玛等。

格埒勒图之子绰克图、巴雅尔图、乌巴什等。

桑噶尔杰之子纳钦等六人。

纳钦之子班第等。

巴特尔之子阿喇纳，其子布延达赉、罗卜藏、格们[③]（格木勒）等。

额森之子伊喇固克散等五人。

伊喇固克散之子乌岳图（他们是索诺木郡王后裔）。

四子和硕巴特尔达尔罕亲王满珠习礼的前妻所生和塔达尔罕亲王[④]，公主所生玛尼、扎勒布、巴克什[⑤]、塔达。

格格所生额尔克鄂齐尔、额尔德尼鄂齐尔、阿必达鄂齐尔、阿齐图鄂齐尔九子[⑥]。

和塔达尔罕亲王之子公主额驸班第达尔罕亲王、

---

①鄂齐尔——是上文出现的“瓦齐尔”。

②毕里衮达赉——又作“必里衮达赖”。

③格们——又作“格木勒”或“葛布勒”。

④前妻所生和塔达尔罕亲王——此段是依据哥本哈根版本所加。

⑤巴克什——本书作“巴哈齐”或“巴克杰”“巴克吉”。

⑥格格所生……九子——据哥本哈根版本所载，他们是：达尔罕亲王和塔、扎勒布、玛尼、塔岱、班吉、额尔克、额尔德尼、阿必达、阿其图九人。

妃哈屯[1]二人。

达尔罕亲王班第之子额驸达尔罕亲王罗卜藏衮布[2]、额驸色旺多尔济二人。

达尔罕亲王额驸罗卜藏衮布之子近卫喇什纳木扎勒、侍卫色旺诺尔布[3]、随从侍卫色棱巴勒珠尔三人。

玛尼之子额尔德尼鄂齐尔、乾达牟尼鄂齐尔[4]、公阿济格鄂齐尔[5]等。

扎勒布之子乌尔图纳素图、图格木勒、贝子乌尔呼玛勒等。

乌尔图纳素图之子班达尔沙，其子库里克坦。

图格木勒之子乌巴里等。

贝子乌尔呼玛勒之子公茂玉肯、玛哈玛育尔[6]等。

巴克什之子巴木巴喇什、素素克图二人。

巴木巴喇什之子毕里衮达赉、罗卜藏[7]等。

---

①妃哈屯——本书作“陪哈屯”。蒙古语扎鲁特地方口音发“f”音为“p”，因此，作者答理麻固什将汉语“妃子”的“妃”按其方言口音写成了“陪”。“陪哈屯”为“妃哈屯”之误。

②达尔罕亲王罗卜藏衮布——本书作“达尔罕亲王罗卜藏古穆”。

③色旺诺尔布——本书作“齐旺诺尔布”。

④乾达牟尼鄂齐尔——本书作“齐穆大海鄂齐尔”。

⑤公阿济格鄂齐尔——为“阿济格鄂齐尔”之误。

⑥玛哈玛育尔——本书作“马哈玛珠里”。

⑦罗卜藏——又作“罗布桑”。

素素克图[1]之子丹达喇、伊达木扎布[2]等。

塔达[3]之子乌勒木吉、图努玛勒二人。

乌勒木吉之子扎木扬德勒格尔[4]等。

图努玛勒之子多尔济、赛因察衮等。

额尔克鄂齐尔之子巴图、额勒德布等。

巴图之子图萨拉克齐多尔济乌巴什、蒙克乌勒吉等。

多尔济乌巴什之子锡喇布、衮楚克喇什等。

额尔德尼鄂齐尔之子丹达喇等。

丹达喇之子公主额驸多尔济、侍卫阿育尔布尼、额驸吉尔迪等。

阿必达鄂齐尔之子纳逊额尔克，其子罗卜藏、喇什等。

阿齐图鄂齐尔之子罗卜桑等（他们是和硕巴特尔

---

①素珠克图——就是上文出现的“素素克图”，因为“素素克图”在科尔沁方言称“素珠克图”，这是方言不同造成的。

②伊达木扎布——本书作“伊达木吉布”。

③塔达——就是上文出现的“丹达喇”。

④扎木扬德勒格尔——又作“扎迷杨德力格尔”。

达尔罕亲王满珠习礼的后裔）。

鄂勒布克之子巴图，其子乌尔图纳素图乾达牟尼、毕里衮达赉、鄂齐尔等（他们是布延图亲王后裔掌管科尔沁左翼中旗的诸诺颜）。

纳穆赛都喇勒[①]的次子明安达尔罕诺颜之子栋果尔伊勒都齐[②]、达斡尔哈丹巴特尔[③]、多尔济伊勒登、桑噶尔扎青巴特尔[④]、索诺木岱青、诺诺和布克、钦达瑚额尔克、索诺木诺木齐、巴达玛楚琥尔[⑤]（无嗣）、罕墨尔根（无嗣）、巴固喇诺木齐、色尔古棱（无嗣）、额布根十三人[⑥]。

栋果尔伊勒都齐之子彰吉伦郡王，其子布达礼王，其子岱布王，其子阿喇布坦王、罗卜藏喇什王、图萨

①纳木赛都喇勒——本书作“阿穆赛都喇勒”。

②栋果尔伊勒都齐——本书作“栋忽尔伊勒都齐”。

③达斡尔哈丹巴特尔——本书作“达忽尔哈丹巴特尔”。

④桑噶尔扎青巴特尔——又作“桑哈尔斋青巴特尔”或“桑哈尔柴青巴特尔”。

⑤巴达玛楚琥尔——又作“巴达玛奇特琥尔”。

⑥明安达尔罕诺颜之子……十三人——哥本哈根版本记载了这十三人的名字。但是，与本书的记载有些不一。他们是栋忽尔伊勒都齐、达忽尔哈丹巴特尔、多尔济伊勒登、桑哈尔吉青巴特尔、索诺木岱青、翁忽博克、齐诺忽额尔克、散吉诺木齐、巴达玛楚琥尔、可汗莫尔根贝勒诺木齐、色日古楞诺颜、额布根诺颜。

拉克齐达穆鲁[①]（达玛琳）等。

阿喇布坦王之子额驸贝子色布腾多尔济。

罗卜藏喇什王之子公主额驸齐默特多尔济王。

达斡尔哈丹巴特尔之子固穆什喜[②]，其子伊喇固克散等。

多尔济伊勒登之子噶勒图，其子哈屯等。

·龙箍紫铜东布壶·

桑噶尔扎[③]之子图诺，其子额勒岱（喇岱）诺木齐[④]等。

---

①图萨拉克齐达穆鲁——又作“图萨拉克旗达玛琳”。

②固穆什喜——又作“固穆扎布”。

③桑哈尔斋——上文出现的“桑哈尔柴”的异写。

④额勒岱诺木齐——又作“喇岱诺木齐”。

索诺木岱青之子布达什里，其子额琳沁[1]等。

诺诺和之子纳穆赛[2]，其子垂扎布等。

齐诺和之子色棱，其子宾巴等。

桑噶尔扎[3]之子杰尔噶郎，其子达布等。

巴固喇之子松等。

额布根之子巴塔吉[4]，其子沙津[5]等（他们是明安达尔罕诺颜的后裔，是掌管科尔沁左翼前旗的诸诺颜）。

纳穆赛都喇勒[6]三子额列洪果尔冰图[7]，其子穆塞[8]、额森王、必坦[9]、绰尔琥勒、巴勒瑚、额岱六人。

穆塞之子博勒克、海色[10]、哈喇巴噶尔、莫伦、什里[11]（齐里）五人。

博勒克之子垂扎布等。

额森冰图郡王之子额济音冰图郡王[12]，其子达达布王、色棱图萨拉克齐、巴齐尔、塔尔布等。

达达布王之子冰图王宜什班第等。

巴敦[13]之子诺尔布，其子布尔尼等。

绰尔琥勒之子塔布克、泰楚、丹森[14]等。

巴勒瑚[15]之子鄂对[16]、哈喇奇塔特等。

额岱之子噶巴喇额驸[17]、鲁毕阿玉什、多尔吉安班等。（他们是额列洪果尔[18]的后裔，是掌管科尔沁左翼后旗的诸诺颜）

博第达喇卓尔果勒三子乌巴什诺颜执掌两个郭尔罗斯，其子布延图内齐[19]、莽果诺颜二人。

布延图内齐之子博第达、固穆哈丹巴特尔[20]、色棱岱青、桑噶尔[21]四人。

①额琳沁——又作“邻沁”。

②纳穆赛——本书作“阿穆赛”或“纳木赛”“纳穆塞”等。

③桑噶尔扎——本书作“桑噶尔斋”或“桑噶尔杰”等。

④巴塔吉——本书作“班塔吉”或“班大吉”等。

⑤沙津——本书作“萨新”或“沙新”。

⑥纳穆赛都喇勒——又作“阿穆赛都喇勒”或“纳穆塞都喇勒”等。

⑦额列洪果尔冰图——又作“额热洪果尔宾图”或“鄂捋洪忽罗冰兔”等。

⑧穆塞——本书作“穆柴”或“木赛”等。

⑨必坦——本书作“必顿”或“必囤”等。

⑩海色——又作“海瑟”或“海撒”等。

⑪什里——又作“齐里”或“西里”等。

⑫额济音冰图郡王——本书作“乌彻彦冰图郡王”等。

⑬巴敦——也就是上文出现的“必敦”。

⑭丹森——本书作“砀森”或“丹申”等。

⑮巴勒瑚——又作“巴鲁”。

⑯鄂对——本书作“额岱”“斡台”或“额泰”。

⑰噶巴喇额驸——本书作“喀巴拉额驸”或“哈巴拉额驸”。

⑱额列洪果尔——本书作“哈喇洪果尔”，“额列洪果尔”的绰号为“哈喇”。

⑲布延图内齐——本书作“博颜图爱齐”。

⑳固穆哈丹巴特尔——又作“衮布哈丹巴特尔”。

㉑桑噶尔——本书作“桑哈尔”。

博第达之子纳扪、德木楚克[①]二人。

·合撒儿第十四代孙奎蒙克塔斯哈喇雕像·

固穆哈丹巴特尔公之子昂哈公、扎木素、阿南达、噶尔玛[②]等。

昂哈公之子莽塞公，其子额尔德尼诺尔布公。

额尔德尼诺尔布公[③]之子额驸色旺扎布公。

扎木素之子忽喇海[④]（鄂喇海）、哈喇[⑤]等。

阿南达之子和雅察尔图萨拉克齐[⑥]，其子哈屯扎布鄂齐尔等。

---

①德穆楚克——本书作“都木冲”。

②噶尔玛——本书作“格尔玛”。

③额尔德尼诺尔布公——此一人名是依据哥本哈根版本所加。

④忽喇海——又作“乌拉海”。

⑤哈喇——又作“哈喇忽察”。

⑥和雅察尔图萨拉克齐——又作“浩常图萨拉克齐”。

噶尔玛之子伊尼迪[①]、巴扎尔[②]、阿纳迪等。

·合撒儿十八世孙顾实汗·

色棱墨尔根岱青之子额埒[③]、扎木素、班齐什喜[④]三人。

扎木素之子札萨克台吉毕里衮鄂齐尔、根第巴扎尔[⑤]、札萨克台吉武尔图纳素图三人。

札萨克毕里衮之子阿玉什、班第、札萨克台吉察衮、赛音乌玉图[⑥]、格埒勒图等。

根第巴扎尔之子图萨拉克齐玛什、额尔德木图、

①伊尼迪——又作“宁迪”。

②巴扎尔——本书作“巴察尔”。

③额埒——又作“额楞”。

④班齐什喜——本书作“班齐斯黑”或“班扎布”。

⑤根第巴扎尔——本书作“肯迪巴扎尔”或“根迪巴雅尔”。

⑥赛音乌玉图——本书作“赛音乌优图”。

J L Q F

图萨拉克齐诺尔布扬[1]。

玛什之子根敦扎布等。

诺尔布扬之子额驸苏玛迪等。

桑噶尔之子布腾、额尔齐穆、什巴、扎木扬、阿木尔扎勒五人[2]。

布腾之子哈勒都密、忽勒都密等。

额尔齐穆之子什喇和、翁果岱、穆鲁。

什喇和之子孛罗特等。

什巴之子巴扎尔[3]、纳逊等。

扎木扬之子毕里克、图努玛勒等。

阿木尔扎勒之子达尔扎等（他们是布延图内齐诺颜的子孙，掌右翼郭尔罗斯的诸诺颜）。

乌巴什敖特根诺颜次子莽果墨尔根之子布木巴伊勒登、扎玛喇巴图尔[4]、斯尔古楞三人。

布木巴伊勒登之子桑噶尔、扎勒布公、齐黑（无嗣）、衮齐四人。

扎勒布公之子安达什里公、乌勒吉、毕里克[5]、阿古尔哈齐四人。

---

①图萨拉克齐诺尔布扬——本书作“图萨拉克齐诺尔崩”。

②桑噶尔之子……五人——哥本哈根版本载：布通、额尔齐穆、朝宝、占其穆、那木吉勒五人。

③巴扎尔——又作“巴雅尔”。

④扎玛喇巴图尔——本书作“钦巴喇巴特尔”。

⑤毕里克——又作“伯勒格”。

安达什里公之子巴图公、毕里克图、萨吉克齐、别乞等。

巴图公之子多尔济等。

衮齐之子额尔德尼，其子图萨拉克齐图萨图、别乞、敏达逊、诺们格埒勒、莫德克齐等。

禅巴勒巴特尔之子阿玉什海色、图巴、都勒巴、阿喇善、达赉等。

海色之子阿必达等。

图巴之子阿里玛等。

都勒巴之子德勒格尔、达什等。

德勒格尔之子额尔德尼图萨拉克齐等。

阿喇善达赉之子班第、巴图等。

斯尔古楞之子诺木布、萨本、萨尔布、阿必达、扎木素、巴达玛额布根、鄂齐尔、鄂齐尔乌勒吉、毕里克图、阿玉什、乌玉图等（他们是莽果诺颜的后裔，掌左翼郭尔罗斯的诸诺颜）。

博第达喇卓尔果勒七子鄂勒哲格卓里克图，其子鄂木克图哈丹巴特尔、绰克图墨尔根[1]、噶勒图巴

①绰克图墨尔根——又作“绰克图莫尔根巴特尔”。

特尔[1]、海兰彻辰[2]（无嗣）、海和冰图巴特尔、布延泰巴特尔、塞特尔噶勒珠[3]七人。

鄂木克图之子布博赉、萨巴赉等。

绰克图之子多尔济、海色扎木素等。

噶勒图之子布都、绰衮等。海和之子达赉、泰噶勒等。

布延图（布延泰）苏鲁克黑之子哈木岱、阿齐吉等。

塞特尔噶勒珠[4]之子巴扎尔。他们父子因不接受圣主隆恩，起兵反叛，未成，被宣判，失去所有俸禄，发配到科尔沁各旗，成为闲散阿勒巴图（他们是鄂勒哲格卓里克图的后裔）。

博第达喇卓尔固勒八子爱纳和彻辰楚琥尔诺颜[5]，其子阿都齐达尔罕诺颜、布鲁克图诺颜、多尔济伊勒

①噶勒图巴特尔——又作“嘎勒图巴特尔”。

②海兰彻辰——本书作“海然色辰”。

③鄂勒哲格卓里克图之子……七人——哥本哈根版本载：鄂木克图哈丹巴特尔、绰克图莫尔根、哈勒图青巴特尔、海里彻辰巴特尔、海忽巴克奇巴特尔、博颜图巴特尔、塞特尔嘎勒朱。

④塞特尔噶勒珠——此人就是清初反抗清朝，从科尔沁征兵造反的人。关于他的事迹，民歌有《英雄诺敏固茹》和民间小说《噶勒珠噶尔玛的故事》等。这个故事不但传遍整个嫩科尔沁地区，还以变体形式流传在库伦、奈曼、扎鲁特等旗的民间。

⑤爱纳忽彻辰楚琥尔诺颜——又作“爱纳哈图什业图彻辰楚格琥尔诺颜”。

登诺颜、固穆绰克图（无嗣）四人。

阿都齐之子色棱贝子、噶尔玛大达尔罕、索诺木达尔罕、阿齐达哈坦巴特尔、额琳沁敖特根台吉五子。

色棱贝子之子什里、诺尔布贝子（无嗣）、鄂木布台吉[1]。

什里之子武尔图纳素图，其子萨都、图努玛勒、沙津贝子[2]、素珠克图、毕里衮达赉、达赉六人。

萨都之子阿里衮、和济格尔等。

图努玛勒之子一等奇达克齐[3]，其子达尔扎[4]、托克托瑚等。

毕里衮达赉之子赛图尔给古鲁克齐等。

达赉之子蒙克格根等。

诺尔布贝子有养子。

---

①鄂木布台吉——又作“衮布”或“温布”。

②沙津贝子——又作“萨新贝子”。

③奇达克齐——本书只写“一等”而漏掉了“台吉”。

④达尔扎——本书作“达尔察”，应该“达尔扎”为准确。

沙津贝子之子旺舒克[1]、巴图贝子、玛什、达尔扎、丹津[2]、垂扎布等。

旺舒克之子巴察海（无嗣）。

巴图贝子之子巴勒珠尔贝子、丹珠尔二人。

巴勒珠尔贝子之子色布腾端罗布。

玛什之子博第。

达尔扎之子呼必图。

丹津之子阿布喇勒格萨尔等。

格萨尔占据垂扎布的领地。

鄂木布之子乌勒木济、尼玛[3]二人。

乌勒木济之子特古勒德尔、色旺扎布（无嗣）。

尼玛之子巴特尔、托克塔噶勒、丹津（无嗣），阿布喇勒占据他的领地（他们是色棱贝子的后裔）。

次子噶尔玛大达尔罕之子鄂尔贵[4]、玛哈雅、阿玉里鄂齐尔[5]、阿喇善、毕里克图、萨玛第等七人。

玛哈雅之子莽赛[6]、德勒格尔、伊喇固克散、特古斯、伊克卓济思图[7]、诺门达赉、纳素图、赛音呼必图、巴图、

①旺舒克——为“旺楚克”之异写。

②丹津——本书作“丹钦”。

③尼玛——本书作“伊玛”。

④鄂尔贵——本书作“鄂日灰”。

⑤阿玉里鄂齐尔——本书作作“额米玉里鄂齐尔”。

⑥莽赛——本书作“莽萨”。

⑦伊克卓济思图——本书作“伊和卓黑思图”。

·合撒儿二十世孙罗卜藏丹津·

鄂齐尔十人。

莽赛之子绰克图等。

绰克图之子一等台吉班达尔沙等。

阿喇善之子纳逊等。

毕里克图台吉收养了乌尔图纳素图、伊喇固克散二人。

伊喇固克散之子阿齐图。

萨玛第之子阿里衮达赉、图萨图、德勒格尔瑚三人（他们是噶尔玛大达尔罕的子孙）。

三子索诺木达尔罕之子鄂齐尔、达里、博第达（无嗣）、伊克毕里克图、巴扎尔、巴噶毕里克图、阿喇纳、伊喇固克散、额勒德布（无嗣）、毕里衮达赉、图巴（无嗣）十一人。

鄂齐尔之子阿必达，其子青毕什埒勒图，其子齐齐克图萨拉克齐。

达里之子锡琥尔、纳逊、布延图、诺木、素珠克图五人。

纳逊之子阿海阿齐图。

诺木之子鄂尔德尼，其子阿齐喇等。

素珠克图之子图萨图等。

J L Q F

伊克毕里克图之子德勒格尔、阿南达二人。

巴扎尔之子和尚、素珠格图、毕什埒勒图等。

巴噶毕里克图之子诺门达赉、阿穆祜朗等。

阿尔噶[1]之子阿尔噶木齐[2]、纳玛勒[3]等。

伊喇固克散之子沙津[4]等（他们是索诺木达尔罕的后裔）。

四子阿齐达哈坦巴特尔之子巴达礼（无嗣）、齐固勒干、布固德、诺木齐、博勒格、毕里克、素珠克图、纳逊八人。

齐固勒干之子班第、卓都等。

班第之子乌尔呼玛勒、图巴二人。

布固德之子萨都、桑等。

诺木齐之子乌必达尼[5]、弥勒等。

博勒格之子班第、布达达[6]二人。

素珠克图之子什喇孛罗特、博第二人（他们是阿齐达哈坦巴特尔[7]的后裔）。

---

①阿尔噶——上文出现的“阿喇纳”之误。

②阿尔噶木齐——又作“阿尔哈木斋”。

③纳玛勒——又作“纳玛纳勒”或“讷莫勒”。

④沙津——本书作“沙钦”。

⑤乌必达尼——本书作“乌必迪尼”。

⑥布达达——又作“包德图”。

⑦阿齐达哈坦巴特尔——本书作“阿钦达哈丹巴特尔”。

额琳沁敖特根台吉之子扎木素额驸[1]、乌勒吉、额尔勤、额森、哈尔里克、安第、鄂齐尔、纳逊、德勒格仍贵九人。

扎木素之子额驸毕里衮达赉、哈布尔、扎勒布、阿必达四人。

毕里衮达赉之子班第，其子卓特巴。

哈布尔之子诺门桑、达尔玛、阿里雅扎黑鲁克齐、图格莫勒图萨拉克齐、鄂齐尔图努玛勒、图萨拉克齐霍济格尔等十人。

鄂齐尔图努玛勒之子额尔和图等四人。

扎勒布之子图萨图图努玛勒等。

阿必达之子乌尔呼玛勒、素珠克图萨拉克齐、阿尔必吉瑚等。

鄂齐尔之子乌玉图，其子给古鲁克齐图萨拉克齐。

纳逊之子一等台吉布达[2]、班第二人。

布达之子巴图鄂齐尔等。（他们是额琳沁敖特根

---

①扎木素额驸——本书作“扎木苏额布”。

②一等台吉布达——本书漏掉了“一等台吉”的“台吉”。

台吉的后裔）

·合撒儿十九世孙满珠习礼亲王·

爱纳和彻辰楚琥尔的次子布鲁克图，其子阿喇玛斯布克诺颜，其子额驸阿玉什，其子纳逊、莫勒济奇、乌勒木济三人。

莫勒济奇之子乌鲁什延贵[①]、额尔德木、纳木楚克、布延图、巴图、茂玉肯等。

额尔德木之子鲁塔[②]。

喇木楚克[③]（纳木楚克）之子伊勒特。

巴图之子图巴。（他们是布鲁克图的后裔）

爱纳和彻辰楚琥尔的三子多尔济伊勒登，其子桑噶尔齐墨尔根岱青、哈都斯嘉布额尔克楚琥尔[④]二人。

桑噶尔齐之子巴雅斯呼郎、达尔扎[⑤]、伊可汗、塔毕四人。

---

①乌鲁什延贵——本书作“乌鲁什延古”。

②鲁塔——又作“老大”或“鲁达”。

③喇木楚克——又作“拉穆楚克”或“那木楚克”。

④哈都斯嘉布额尔克齐楚琥尔——又作“哈屯扎布额尔和楚琥尔”。

⑤达尔扎——又作“达尔钦”。

塔毕之子图萨拉克齐昂哈、图萨拉克齐沙津巴里克齐[1]。

昂哈之子巴拜[2]、垂扎布等。

沙津巴里克齐之子图萨拉克齐乌察喇勒、额尔克图等（他们是桑噶尔齐墨尔根岱青的后裔）。

哈都斯嘉布额尔克楚琥尔之子达什台吉，其子毕里克图图萨拉克齐、乌尔图纳素图鄂齐尔、硕噶尔、桑衮达赉、萨都、萨玛雅（无嗣）、巴扎尔[3]、班达、毕里衮达赉（无嗣）、诺门达赉等十一人。

毕里克图之子毕里克、毕里衮腾。

乌尔图纳素图之子巴里玛特、敏达逊等。

硕噶尔之子哈拉穆。

桑衮达赉[4]之子图萨拉克齐布延图等。

萨都之子阿穆祜朗等。

巴扎尔之子阿毕什克等。

阿毕什克之子索布尼、乌巴什等。

班达之子图萨拉克齐毕什埒勒图、科尔沁[5]等。

诺门达赉之子伊勒达满达和罗克齐等（他们是哈

---

①图萨拉克齐沙津巴里克齐——本书作“图萨拉克齐彻辰萨新巴里克齐”。

②巴拜——本书作“必拜”。

③巴扎尔——本书作“巴察尔”或“巴雅尔”等。

④桑衮达赉——又作“桑浑达赉”。

⑤科尔沁——又作“呼尔查”。

都斯嘉布额尔克楚琥尔的后裔，均为爱纳和楚琥尔的后裔，掌科尔沁右翼四旗的诸诺颜）。

博第达喇卓尔固勒九子阿敏巴噶诺颜，其子额森纳琳、额森泰青巴特尔、洪果岱、莫莫格哈丹巴特尔、图们卫青[①]、明安达里岱青、明安伊勒登、蒙衮达尔罕和硕齐、僧格（无嗣）、索诺木墨尔根、多尔济岱青、班第伊勒都齐、固鲁诺木齐、桑杰墨尔根十四人[②]。

额森纳琳台吉之子萨本墨尔根台吉、布达什里、达尔玛、固鲁保[③]、哈坦努[④]、博莫格、扎罗海、托布尔沙[⑤]、图伦九人。

---

①图们卫青——为“图们卫征”之误。

②阿敏巴噶诺颜之子……十四人——哥本哈根版本载其诸子为：额森纳琳台吉、散岱青巴特尔、洪忽岱台吉、莫莫格哈丹巴特尔、图米卫青、米哈达尔岱青、明安、阿拉坦蒙忽和硕齐、索诺木莫尔根、多尔济岱青、班第伊勒都齐、固鲁诺木齐、桑杰莫尔根等十三子。《科尔沁系谱手抄本》称“阿敏达尔罕巴嘎诺颜为首的十四人”。即：额森诺颜、额森岱青巴特尔纳琳台吉、洪哈岱达赉莫尔根台吉、莫蒙哥哈丹巴特尔诺颜、图们卫青诺颜、明安答儿伊勒登诺颜、蒙忽达尔罕诺颜、札萨克贝子僧格诺颜、索诺木莫尔根台吉、多尔济岱青诺颜、班第伊勒都齐诺颜，二等台吉固鲁诺木齐诺颜、赛音莫尔根诺颜共十四人。比较以上两部书，哥本哈根版本遗漏了索诺木莫尔根台吉。

③固鲁保——又作“固鲁布”。

④哈坦努——又作“韩都”。

⑤托布尔沙——本书作“托必尔沙”。

墨尔根台吉布达什之子阿鲁噶多尔济安班[1]，其子多尔济安班阿必达[2]、巴彦多尔济安班[3]、尹察纳[4]等。他们移居中原地区。

伊森达里（额森泰）青巴特尔[5]之子色棱、阿玉什、玛尼等。

洪果岱之子垂尔、绰

·和硕端静公主陵华表顶端望天吼·

①阿鲁噶道尔济安班——本书作“阿鲁哈道尔乞安班”或“阿鲁哈道里安班”。

②多尔济安班阿必达——本书作“道尔乞安班阿必达”或“道里安班阿必达”。

③巴彦多尔济安班——本书作“巴彦道尔乞安班”或“巴彦道里安班”。

④尹察纳——本书作“尹扎可汗”。

⑤伊森达里青巴特尔——即上文出现的“额森泰青巴特尔”。

什希诺木齐[1]等。

莫莫格哈丹巴特尔之子布达什里、布尼、满珠习礼、额伊达、乌勒吉、林丹[2]、巴雅腾、布达、色棱九人。

土默特[3]卫征之子昂哈、锡图根、色棱、绰尔济、锡第五人。

明安达里岱青之子巴达玛、乌勒吉二人。

巴达玛之子额尔德尼、塔喇齐图萨拉克齐、鄂齐尔、乌宾等。

额尔德尼之子齐钦达噶[4]。

塔喇齐之子桑特古斯、图萨拉克齐鄂努勒图、图萨拉克齐毕什埒勒图、卓衮纳素图[5]等。

乌勒吉之子图萨拉克齐阿必达、达尔玛雅、达尔玛第等。

阿必达之子图萨拉克齐格埒勒图、垂扎布等。

达尔玛第之子诺木巴里克齐[6]、萨玛雅等。

明安伊勒登之子纳喇布、阿术、占布喇[7]、满珠习礼、彻辰色勒木、鄂齐尔等。

---

①绰什希诺木齐——本书作“绰什乞诺木齐”“乔吉诺木齐”。

②林丹——本书作“林达”。

③土默特卫征——又作“图们卫征”。

④钦达噶——本书作“钦纳达噶”。

⑤卓衮纳素图——为“照那苏图”的异写。

⑥诺木巴里克齐——另作“诺门别日格齐”。

⑦占布喇——另作“占巴喇”或“咱巴喇”。

蒙衮达尔罕和硕齐之子色棱贝子、和巴、克什格、班达喇、莽塞、达塞、博第七人。

色棱贝子之子毕里克贝子、萨都等[1]。

毕里克贝子之子纳逊贝子、图萨图、卓里克图、卓黑斯图等。

纳逊贝子之子特古斯贝子（征服准噶尔战争中，曾两次立功而晋升为贝勒）、布达齐特、布达里克[2]、阿木克[3]（讷木该）等。

特古斯贝勒之子乌察喇勒图、卓黑斯图、青毕什埒勒图、罗卜藏等。

索诺木墨尔根之子达尔玛什里，其子鄂齐尔、图斯喀尔、阿穆祜朗、托多哈、毕里衮五人。

鄂齐尔之子巴图，其子都勒巴、桑喇布坦等。

阿穆祜朗之子布里延[4]等。

布里延之子毕什埒勒图等。

毕里衮之子达哈勒达，其子达什达赉。

多尔济岱青之子额苦、色棱达什、托果岱三人。

---

①色棱贝子之子……萨都等——《科尔沁系谱手抄本》则称："札萨克多罗贝子达尔罕和硕齐色棱之子贝勒毕里格、三等台吉图斯卡尔、三等台吉萨里、三等台吉巴扎尔、三等台吉萨都五人。"

②布达里克——另作"布德里格"。

③阿木克——另作"讷木开"。

④布里延——另作"博里延"。

班第伊勒都齐之子喇嘛什希、巴奇尔、多尔扎勒[1]、肯泰[2]、巴彦、阿第[3]六人。

多尔济、班第二人与噶勒珠[4]反叛，被革职，发配给卓里克图亲王。

固鲁诺木齐之子毕里克图、哈屯奇玛哈、素珠克图、诺尔布图萨拉克齐等五人[5]。

诺尔布之子都尔巴噶图萨拉克齐等五人。

都尔巴噶之子和塔图萨拉克齐、喇什图萨拉克齐等人。

桑杰墨尔根之子巴达玛、本塔、博果尔齐、额琳沁、毕里克、鄂齐尔六人（他们是阿敏巴噶诺颜的后裔，是掌右翼扎赉特旗的诸诺颜）。

博第达喇卓尔果勒九个儿子的五个人的后裔今掌九旗。

---

①多尔扎勒——本书作“道尔吉勒”“达尔吉勒”。

②肯泰——本书作“很岱”“萨岱”。

③阿第——另作“阿岱”。

④噶勒珠——指的是反抗清政府从科尔沁征兵举行暴动的塞特尔噶勒珠。

⑤固鲁诺木齐之子……五人——其中的“诺尔布图萨拉克齐等五人”之句，是据哥本哈根版本所加。

奎蒙克塔斯哈喇次子诺门达喇噶勒珠诺颜[①]，其子哲格尔德诺颜，其子图美卫征[②]，其子喇嘛什希公、布达什里二人。

·禄马旗·

喇嘛什希公之子巴噶色棱公、伊木第[③]、阿玉什三人。

巴噶色棱公之子都斯辖尔公、毕里克图、额尔德尼三人。

都斯辖尔公之子阿喇善达赉、图努玛勒公、伊博格勒、垂扎布、巴图、多尔济。

阿喇善达赉之子喇布坦。

图努玛勒公之子喇嘛扎布公、达什、赛音乌勒济、

①诺门达喇噶勒珠诺颜——本书作“纳玛达喇噶勒珠诺颜”。

②图美卫征——本书作“图美卫青”。

③伊木第——本书作“尼米岱”或“伊穆迪”。

JLQF

阿南达、多尔济、萨黑勒图六人[①]。

毕里克图之子德里格玛勒，其子巴图图萨拉克齐。

额尔德尼之子乌尔图纳素图、玛哈什里二人。

乌尔图纳素图之子沙津鄂鲁什和等。

玛哈什里之子布特噶里[②]等。

伊木第[③]之子拉斯巴、必里衮达赉、巴达玛达赉等。

拉斯巴之子伊喇桑[④]、鄂齐尔桑等。

伊喇桑之子雅都、萨玛第等。

毕里衮达赉之子托克托瑚等。

巴达玛达赉之子托克托哈喇、杰尔噶勒等。

托克托瑚之子罗卜藏等。

阿玉什之子布达，其子图萨拉克齐布延图、班第二人。

布延图[⑤]之子锡瑚尔等。

次子博第什里台吉之子阿必达、图格木勒、毕里

---

①图努玛勒公之子……萨黑勒图六人——《科尔沁系谱手抄本》载："札萨克镇国公拉玛扎布、三等台吉喇什（无嗣）、三等台吉赛音乌勒吉、三等台吉阿南达格尔比，三等台吉多尔济、三等台吉喇什巴勒珠儿"等。

②布特噶里——本书作"崩来"或"布特噶来"。

③伊木第——上文出现的"尼米岱"之异写。

④伊喇桑——又作"伊勒桑"。

⑤布延图——本书又作"博雅图"。

衮达赉三人。

阿必达之子图萨拉克齐鄂奇尔。

伊勒特鄂齐尔之子图萨拉克齐毕玛喇、锡喇布①、锡郎贵②、喇什、丹津等。毕玛喇之子旺舒克③等。

伊勒特之子固尔该，其子桑扎布等四人。

图格木勒之子卓德巴、多尔济二人。

卓德巴之子莽哈杰等。

多尔济之子珠勒该、蒙克吉瑚二人。

毕里衮达赉之子图萨拉克齐沙津德里格尔等。其子旺舒克等（他们是纳玛达喇噶勒珠诺颜的后裔，掌管科尔沁右翼后旗）。

科尔沁十旗在太祖、太宗④时期归附，受到厚禄和名号。声名显赫的太皇太后也出自本家族。他们也迎娶诸多公主、格格。起初，在他们中间，传播博格达葛根⑤宗喀巴的宗教，而后，他们倾国信教，祖辈为僧，

①锡喇布——又作“色日布”。

②锡郎贵——本书作“锡龙徽”。

③旺舒克——又作“旺楚克”。

④太祖、太宗——这里指的是清朝太祖努尔哈赤和太宗皇太极。

⑤博格达葛根——这是指在科尔沁、昭乌达、卓所图三盟传播黄教的内齐托音一世，他是四部卫拉特人，俗名叫阿必达。

直到今天虔诚不离，将其当作顶饰至尊。

阿鲁科尔沁[①]，图美尼雅哈齐诺颜[②]的次子掌阿鲁科尔沁和四子王旗的巴衮诺颜有三子：昆都伦岱青诺颜、哈布巴特尔、诺颜泰赦特根诺颜。

昆都伦岱青诺颜的五个儿子[③]是巴尔金、乌美布克、布尼墨尔根、四子达尔罕贝勒达赉楚琥尔、五子泰噶勒赦特根。

达赉楚琥尔之子和硕额驸穆彰[④]，其子额驸郡王卓勒扎噶、沙格德尔、旺舒克图萨拉克齐、色棱图萨拉克齐、额森王等。

①阿鲁科尔沁——为蒙古语，意思是“后部科尔沁”或“留在原籍的科尔沁”之意。

②图美尼雅哈齐诺颜——又作“图美吉雅噶齐诺颜”。

③昆都伦岱青诺颜的五个儿子——哥本哈根版本称“喏木图岱青之子巴尔察、斡麦博克、博尼莫尔根、多罗达尔罕贝勒达赉西忽尔、古穆达忽里斯忽、本巴西忽尔、固茹卫章、阿尤西彻辰、巴木尔卓里克图、纳木冲、岱哈勒诺颜等十一个儿子”。

④和硕额驸穆彰——又作“和硕额驸穆章”。

卓勒扎噶十子[①]之长子和硕额驸色棱王，次子琳沁，三子额驸郡王垂斯巴特尔，四子额驸巴达玛（无嗣），五子多克什特，六子昂果察，七子垂特尔，八子图萨拉克齐台吉鄂齐尔图，九子鄂尔沁，十子喇特纳。

长子和硕额驸色棱王，其长子衮楚斯嘉布，次子台吉固穆巴喇什（无嗣），三子贝勒旺扎勒[②]。

衮楚斯嘉布的两个儿子：图萨拉克齐台吉色旺多布、台吉旺钦。

色旺多布的三个儿子：尚嘉布、阿玉尔、旺保。

旺钦长子名扎木素，其子朋素克、达博散班第达、

JLQF

①珠勒扎噶有十子——哥本哈根版本载：色棱王、绰尔、巴达玛、邵飒额驸、额琳沁、端由德、额嫩奇特、鄂尔钦、垂达尔、喇特纳等十人；《科尔沁系谱手抄本》载：多罗郡王和硕额驸色棱、二等台吉额琳沁、多罗郡王垂、和硕额驸巴达玛、头等达尔罕台吉端尼特、二等台吉囊伊特、二等台吉垂达尔、图萨拉克齐二等台吉鄂齐尔图、二等台吉乌尔津、二等台吉喇特纳。

②贝勒旺扎勒——哥本哈根版本载：根都斯嘉布、喇什、额莫根、旺吉勒贝勒。《科尔沁系谱手抄本》载：二等台吉衮吉斯嘉布、二等台吉古玛喇什、札萨克多罗贝勒旺吉勒。

多布珠尔、密勒塔噶、达沁等。

贝勒旺扎勒之子达克登[①]、萨木丕勒诺尔布、吉礼克喇锡、赛音扎布[②]等。

台吉琳沁的长子苏达尼，其子图萨拉克齐台吉车木布喇布坦、奇布腾、索诺木丕勒、朋素克（无嗣）。

长子钦布勒喇布坦[③]，其子垂赛音扎布[④]、车里扔布、旺沁扎布。

·孝庄文皇后·

车布登二子衮楚克、布哈逊、穆鲁木扎布、巴拜。

索诺木丕勒之子固玛扎布。

垂斯王的长子贝勒穆宁，次子布宁。

①达克登——又作“丹丹”。

②赛音扎布——据《科尔沁系谱手抄本》记载，在丹丹之后是“二等台吉散丕勒诺尔布、二等台吉格里格喇什、二等台吉桑杰扎布”。

③钦布勒喇布坦——就是上文出现的“禅布喇布坦”之误。

④垂赛音嘉布——又作“确吉扎布”。

贝勒穆宁之子赛音和尼图、奇布腾、朋素克、班第。

布宁之子扎木素、哈屯、沙津扎布、托塔克、多克什特（死于噶勒丹之役），其长子达尔罕额尔克图（无嗣），次子多布扎布承袭达尔罕位，三子乌巴什。

多布扎布有四子，长子达尔罕台吉朋素克，次子布延乌勒吉，三子毕琳，四子达延达赉。

乌巴什的长子萨木丕勒公，次子车凌都鲁布[1]。

昂果察[2]之子满珠习礼、喇什扎布、钦布勒喇什扎勒布、衮楚克喇什。满珠习礼有四子，长子莫伦。

喇什扎布的长子车旺车木丕勒[3]，其子齐旺扎布等四人。

钦布勒喇什扎勒布的长子吉礼青。

垂达尔之子二等台吉衮布扎布、拜琳、朋素克喇布坦、格布楚、巴琳。衮布扎布之子罗布察喇什。

鄂齐尔图之子旺扎勒、诺尔布、朋素克、喇什诺尔布、伊喇固克齐、索诺木。

旺扎勒之子多布扎布、班第。

诺尔布之子宾都里雅、达沁、萨都瓦。

---

①车凌都鲁布——本书作“齐棱栋鲁布”。

②昂果察——本书作“昂忽禅纳”。

③车旺车木丕勒——本书作“齐旺车木丕勒”。

JLQF

喇什诺尔布之子班第、色棱。

朋素克之子昂哈、班第、格素勒、阿裕尔、素里雅、贝雅。

索诺木的长子昂哈。

伊喇固克齐[1]的长子格素勒。

喇德纳之子乌特巴喇[2]、旺喇克，三丕勒[3]、喇什玛第尔。

萨格达里四子丹巴、僧格、阿南达、丹达。

丹巴有六子：班塔尔、扎布、莽塞、呼图克（无嗣）、阿密腾、噜巴。

班塔尔之子班第。

扎布之子哈屯等三人。

莽塞之子乌巴什。

阿密腾之子固塔。

噜巴之子根敦喇什等三人。

乌巴什僧格的三个儿子吉伦、彰色、根都喇什。

吉伦之子劳沁等三人。

彰色之子劳班等四人。

根都喇什有四个儿子。

---

①伊喇固克齐——上文出现的“伊喇徽齐”应该是“伊喇固克齐”，后者应该是正确的。

②乌特巴喇——又作“乌达巴喇”。

③三丕勒——又作“散丕勒”“禅丕勒”。

阿南达之子班察朗格、巴特尔、赛音绰克泰。

班察朗格之子伊拉固克散、托克托瑚、阿察喇、巴奇尔等八人。

巴特尔之子乌巴什楚鲁依、巴雅斯呼朗二人。

赛音绰克泰之子占巴喇什。

·荷花形银盏托·

丹达之子色旺端多布、赛音乌玉图、葛根乌玉图。

色旺端多布之子锡喇瓦、迪里斯都噶尔扎布二人。

赛音绰克泰[①]之子喇布坦、班第、谔登。

德格都乌玉图[②]之子喇布坦。

旺舒克有九子：鄂齐尔、扎木巴勒（无嗣）、散扎布、扎木扔、布延图（无嗣）、布齐、巴琳、巴雅尔（无嗣）、彰色。

①赛音绰克泰——是上文之“赛音乌尤图”。

②德格都乌玉图——是上文之“葛根乌尤图”。

鄂齐尔之子松喇布、阿密腾。

松喇布之子布斯果勒等七人。

阿密腾之子巴拜等二人。

色瓦扎布（散扎布）有金巴等三子。

彰色之子布克逊诺尔布、特古斯杰尔呼朗[①]二人。

朋素克之子博第珠喇。

扎木杨之子博勒格图、丹沁诺尔布、诺尔布什喇、巴班第四人。

丹沁诺尔布之子巴勒丹等四人。

布察（布齐）之子朋素克，其子毕察可汗。

巴琳之子素珠克图。

彰色之子诺门绰克图等三人。

图萨拉克齐台吉色棱之子图萨拉克齐台吉衮德尔、扎喇、鄂勒巴三人。

衮德尔之子台吉纳玛扎、台吉章京德穆楚克、台吉栋罗布。

台吉德穆楚布[②]有二子，长子台吉苏木章京罗卜藏衮布，其子察木巴喇。次子托音阿旺扎木扬。

---

①特古斯杰尔呼朗——又作“特古斯吉尔嘎朗”。

②台吉德穆楚布——是“台吉章吉德穆楚克”之误。

台吉栋罗布[①]的长子索特巴，次子穆兰扎布。

衮德尔的次子台吉色棱旺扎勒，其子侍卫台吉喇什扎木素、和塔，其子多尔济、博第什喇、彻辰、玛什巴图、布赉（他们与察哈尔正蓝旗合伙）、斡伦（斡尔沁）、纳逊额尔克图。

斡尔沁[②]之子玛纳穆喇三人，珠丹四人。

纳逊额尔克图之子朋素克，其子纳木达克等五人。

图萨喇克齐额森之子哈扎布、达尔巴扎木萨、衮巴喇什[③]、朋素克四人。

哈扎布之子固鲁扎布，其子麦达哩等三人。

达尔巴扎木萨之子济玛多尔济。

衮巴喇什之子布毕[④]等三人。

朋素克之子纳逊达赉。

（昆都棱岱青）长子巴尔金[⑤]，之子乌尔察、玛尼、奇塔特。

乌尔察之子阿硕克，其子吉勒拜、巴喇弥特、班珠尔、鄂齐尔四人。

吉勒拜之子乌克里衮达赉等三人，德勒格尔等四人。

---

①台吉栋罗布——本书作“达克吉栋罗布”。

②斡尔沁——上文中“乌伦”另一种写法。

③衮巴喇什——又作“官布喇什”。

④布毕——又作“布拜”。

⑤此处漏掉了其父亲的名字“昆都棱岱青”。

巴喇弥特之子都沁，其子乌玉图，其子诺尔布等二人。

班珠尔[1]之子喇特纳，其子诺门，其子沙津达赉等二人。

鄂齐尔之子班扎棱克等三人。

玛尼之子额尔克、博尔克、阿喇克、阿里雅、阿尔巴素、阿里玛等。

额尔克之子阿里衮、巴雅尔图二人。

阿里衮之子阿尔善、阿齐喇、阿必达。

阿尔善之子纳逊达赉，其子达尔扎，其子布延桑、德勒格尔。

阿齐喇之子乌尔图纳素图，其子沙克沙巴特，其子霍济格尔、察可汗瑚。

乌尔呼玛勒之子赛察瑚、乌巴什、巴勒丹。

阿必达之子额古斯格勒、班第。

额古斯格勒之子特古斯格勒。

班第之子哈齐噶尔、巴拜、巴塔木、巴雅尔图、博罗尼、额尔德尼桑、额尔木尼达赉。

博罗尼[2]之子卓木桑、毕什勒噶勒。

①班珠尔——本书作“毕察尔”。

②博罗尼——本书作“博尔尼”。

卓木桑之子班第。

毕什勒噶勒之子恩古色、霍济格尔。

额尔德尼桑之子阿弥里达等四人。

额尔德木尼达赉之子图努玛勒，其子给古鲁克齐。

博尔克之子鲁吉素哩、额尔德尼。

鲁吉素哩之子额哩木桑、巴素、阿尔必扎、布特克齐、阿敏、布达。

额哩木桑之子蒙克等三人。

·冬青木火药囊·

巴素之子班扎棱克[①]、素珠克图、图格木勒、特古斯、布拜。

班扎棱克之子讷勒图。

素珠克图之子和毕图[②]。

---

①班扎棱克——又作“班扎朗克”。

②和毕图——本书作“忽巴图”。

阿尔必扎之子色棱。

布特克齐之子托克塔噶勒、多尔济。

布达之子博第扎布。

额尔德尼之子素尔塔和、布延图、巴彦桑、素玛第。

托克塔噶勒之子特古斯。

素尔塔瑚之子索岱等四人。布延图之子哈勒津。

巴彦桑之子布喇等三人。素玛第之子格埒尼。

阿喇克之子沙克扎、乌格里克齐。

沙克扎之子丹津二人，其子素玛第四人。

乌格里克齐之子图格木勒等七人。

图格木勒之子德勒格尔十人。

额埒桑[1]之子达尔扎、巴尔塔瑚、达尔玛、扎穆、吉赉。

达尔扎之子纳逊等四人，其子有诺门格埒勒等九人。

巴达喇瑚[2]之子伊喇固克散，其子绰克图、德勒格仍贵。

达尔玛之子沙津达赉等五人，其子扎木素等十人。

扎木素之子阿穆尔灵贵，其子哈勒津。

吉赉之子卓都等五人，其子珠勒。

阿里雅之子劳锡，其子阿尔斯兰等三人，其子班扎郎格克等三人。

①额埒桑——似乎是上文中“额哩木桑”“额埒木散”的缩写。

②巴达喇瑚——即上文中的“巴尔塔瑚”。

其子桑图等三人。

阿里玛之子乌达哈、齐纳尔。

乌达哈之子素察，其子拜瑚喇等二人，其子巴彦。

齐纳尔之子萨木巴等二人。

萨木巴之子阿旺素特巴。

察克温之子第瓦，其子毕什、巴赖。

第瓦[①]之子多尔玛、阿南达、纳沁、玛什、琳沁、翁果。

多尔玛之子玛济克等二人，其子班扎棱克等二人，其子珠木沁等四人，其子毕里衮等四人，其子乌巴什等七人。

阿南达之子巴雅斯呼朗等二人。其子玛克什里等二人，其子多尔济喇克等四人，其子布延图等五人，其子阿米坦等五人。

纳沁之子卫喇克齐，其子乌巴什等二人，其子阿敏迪瓦等三人。

玛什之子巴图玛什，其子逊察木巴喇等二人，其子乌巴什等五人，其子乌仁桑。

额琳察克[②]之子巴扎尔，其子赛图等三人，其子鲁什等九人，其子巴鲁等三人，其子霍济格尔、绰克图。

翁果岱之子喇什等八人，其子锡勒库等十四人，

---

①第瓦——此处作“久瓦”。

②额琳察克——又作“额琳沁”。

其子多博克等十五人，瑚里成贵等七人。其子乌巴什等二人。

次子鄂美布库[1]，其子绰克图，其子诺木图，其子图鲁泰，其子萨满达[2]，其子巴喇第等二人，其子阿敏萨黑克齐等三人。

三子布尼墨尔根[3]之子海萨勒巴特尔、瑚玛勒达古斯瑚、布玛楚琥尔、固鲁卫征[4]、阿玉什、班布尔、卓里克图、萨穆楚克卓里克图。

海萨巴特尔[5]之子锡喇布、锡喇勒、扎勒布、都勒巴、和喇洪岱等。锡喇布之子和塔喇，其子达萨克，其子达什等二人，其子珠坦等三人。

锡喇勒之子呼图克达沁，其子博尔尼，其子博勒格图等二人。

扎勒布之子彰吉伦等四人，其子衮奇特等十八人，其子博瑚勒等十人。

都勒巴之子杰尔噶郎，其子哈勒津等三人，其子珠穆扎布。

①次子鄂美布库——漏掉其父亲之名“昆都棱岱青”。

②萨满达——此处作“萨玛克达”。

③三子布尼墨尔根——漏掉其父亲之名“昆都伦岱青”。

④固鲁卫征——此处作“固鲁卫青”。

⑤海萨巴特尔——上文“海萨勒巴特尔”之误。

和尔洪丹津[1]之子丹沁、丹津保、罗卜藏。

丹沁之子达尔玛等四人，其子巴勒珠尔。

丹津保之子满都呼等三人，其子察罕瑚等三人。

罗卜藏之子德勒格仍贵等四人，其子图格木勒等五人。

瑚默勒达古里斯瑚之子锡塔尔，其子班第、阿必达。

班第之子锡图根等三人，其子达赉等四人。

阿必达之子巴雅尔等二人，其子乌巴什等二人。

布木巴楚琥尔[2]之子纳木斯扎布、垂扎布二人。

纳木斯扎布之子色尔济、班青、索诺木。

色尔济之子车布登、布鲁、巴察尔、桑杰扎布。

车布登之子喇布坦等八人，其子萨木巴喇什等四人。

巴察尔之子肯第等五人，其子阿旺等六人。

桑杰扎布[3]之子诺门达赉等四人。

班青之子桑敦等六人，其子劳沁等七人，其子车凌多尔济等六人。

---

①和尔洪丹津——此处作“忽尔洪泰”。

②布木巴楚琥尔——上文称“博玛楚琥尔”。

③桑杰扎布——上文译为“桑杰嘉布”。

索诺木之子乌巴什等五人，其子班第等五人，阿勒达尔等四人。

策旺扎布之子丹珠尔，其子额尔德尼等四人，其子素玛第等九人。

固鲁卫征[1]之子色棱、恭格、辉腾、垂桑、尹扎纳、多尔济。

色棱之子达达巴、班第、巴里、阿鲁喇。

达达巴之子哈布尔、毕里衮达赉，其子衮楚克喇布坦。

哈布尔之子纳素图。

班第之子布延图、鄂多巴喇。

布延图之子达什等九人。

巴赖[2]之子额尔德尼等六人。

塔本阿鲁喇[3]之子玛什等二人，其子达什喇布坦等三人。

恭格之子塔里雅齐，其子额勒德布，其子策旺等三人。

辉腾之子托果勒岱、托果齐、珠喇喇三人。

托果勒岱之子克什克图等五人。

珠喇喇之子察第等六人，其子齐木巴喇等五人。

①固鲁卫征——此处作“固鲁卫青”。

②巴赖——即上文“巴里”之异写。

③塔本阿鲁拉——即上文“阿鲁喇”。

尹扎纳之子博勒格图。

阿玉什之子多尔济，其子德美，其子纳逊达赉等二人，其子巴鲁喇等二人。

卓里克图之子玛勒齐，其子达尔沁、丹巴，其子班第等四人，其子图鲁图等二人。

萨穆楚克卓里克图之子都斯噶尔，其子满达里，其子霍济格尔，其子达什等三人。他们是诺木图昆都伦岱青的后裔。

岱果勒敖特根[①]之子桑杰，其子阿玉什，其子沙克德尔、策旺、哈都斯吉布、毕里克图、巴图。

沙克德尔之子敦多布，其子丹津诺尔布、锡里肯，其子敏珠尔喇布坦，其子阿裕尔。

丹津诺尔布之子布延图。

策旺楚克[②]之子布埒勒[③]、巴素扎布。

布埒勒之子诺尔布等三人，其子玛哈纳达等五人。

巴素扎布之子达尔扎、里什、卓黑斯图。

达尔扎之子乌巴什达尔玛扎布。

里什之子阿敏达瓦。

卓黑斯图之子班第，其子诺门呼图克等四人。

哈都斯吉布之子阿里衮、特古斯。

---

①岱果勒敖特根——即上文“岱哈勒敖特根”。

②策旺楚克——即上文“策旺”。

③布埒勒——又作“孛罗特兀勒”。

萨哈鲁克之子赛音乌玉图。

诺门桑之子赛音呼图克等二人。

毕里克图之子巴喇弥特、珠木楚。

巴喇弥特之子布克什里。

珠木楚之子班第，其子布延德勒格尔。

巴图之子乌尔图纳素图、赛音察衮、盖哈木什克、朋素克。

乌尔图纳素图之子格素勒、达尔扎、齐扬丕勒、诺门格埒勒、策棱扎布。

格素勒之子哈勒津。

达尔扎之子达尔察等二人。

齐扬丕勒之子丹津。

赛音察衮之子布特克勒，其子旺沁扎布。

盖哈木什克之子乌巴什等四人。

朋素克之子诺门达赉等三人。他们是岱果勒敖特根的后裔。

次子哈布依巴特尔六子[1]昂哈（无嗣）、珠什巴特尔、

---

①哈布依巴特尔六子——哥本哈根版本载："哈布依巴特尔之子昂哈卫青，其子达西台吉，其子斡尔青，其子丹钦图萨拉克齐、色布登、喇布坦图萨拉克齐三人。"《水晶鉴》所载也一样。

奇塔特、巴拜布库、昂哈勒珠尔墨尔根、昂哈①。

珠什巴特尔六子毕里克、多尔济、毕拜、阿穆、阿玉什、固鲁②。

毕里克二子额森额僧黑、呼尔查，其子杜棱。

额僧黑之子鄂齐尔，其子额尔赫穆。

多尔济之子阿沁达等七人，其子阿穆尔灵贵等七人。

毕拜之子鄂齐尔等二人，乌巴什等四人，其子鄂克塔尔贵等二人。

阿穆之子哈勒津，其子锡勒根等三人，其子乌克里衮。

阿玉什之子哈勒津，其子乌巴什。

固鲁之子鄂齐尔，其子鄂木克等五人。

奇塔特之子诺木齐，其子额布根、格埒勒图、乌齐埒勒三人。

额布根有四个儿子。

格埒勒图有布延乌纳都尔瑚等六子。

---

①哈布依巴特尔六子……昂哈——莫尔根葛根版本载："哈布依巴特尔之子绰乞、珠西、巴特尔、巴拜、博克、乞塔惕台吉、昂哈了珠儿、昂哈、博颜图等九人"。

②珠仁巴特尔之子——哥本哈根版本载："其三子伊遂卫征之子多尔济、巴拜、博克、乞塔惕、昂哈了珠儿、昂哈等五人"。据此可知，哥本哈根版本混淆了哈布依巴特尔与其儿子珠仁的儿子。

乌齐埒勒有阿尔毕达瑚等四个儿子。

巴拜布克之子锡固尔台、巴达玛二人。

锡固尔台之子萨济第尔、桑图、博尼。

萨沙筝尔之子丹津等五人。

桑图之子乌克里衮等五人。

布尼之子乌巴什等五人。

巴达玛之子玛珠尔、色旺纳木、色旺扎布。

昂哈勒珠尔墨尔根[1]之子喇什扎布、鄂齐尔桑、巴达玛桑、巴勒察海、多尔玛五人。

喇什扎布之子伊特格勒等二人，满达拉、巴雅斯呼郎等三人。

伊特格勒之子萨敦等四人。

巴雅斯呼郎之子布延达赉等三人。

鄂齐尔桑之子绰达克、布斯果勒二人。

绰达克之子格博楚等三人。

布斯果勒之子朋素克。

巴达玛桑之子毕里克图、扎布、萨木丕勒三人。

毕里克图之子沙克扎等四人。

扎布之子朋素克。

①昂哈勒珠尔墨尔根——此处作“昂拉特察尔莫尔根”。

萨木丕勒之子乌玉图。

巴勒察海之子丹巴，其子固穆扎布。

多尔玛之子巴林、乌尔图、额尔德尼、德勒格尔四人。

巴林之子图萨图等四人。

乌尔图之子巴拜等二人。

额尔德尼之子莽散。

德勒格尔之子博果勒等二人。

昂可汗昂哈之子达什，其子鄂尔沁，其子图萨拉克齐台吉丹津、色布腾图萨拉克齐、台吉喇布坦。

丹津之子贝班迪等五人。

色布腾之子奇达克齐等四人。

喇布坦之子玛克沁达等七人。这些人是哈布依巴特尔的后裔。这些诺木图昆都伦岱青和诺门哈布依巴特尔二人的后裔，是掌管阿鲁科尔沁旗的诸诺颜。

四子部

巴衮诺颜的三子诺颜岱敖特根[①]，其子僧格墨尔根和硕齐、鄂木希多罗达尔罕卓里克图郡王、索诺木台吉、额尔奇木墨尔根台吉四人。

---

①诺颜岱敖特根——哥本哈根版本作“温岱敖特根诺颜”,《水晶鉴》作“诺颜岱”，《蒙古游牧记》作“诺延泰”，其中“诺颜岱”为正确。蒙古文文献称其为“嗒木图昆都伦岱青诺颜的弟弟”。可是，高文德、柴志春二位先生的《蒙古世系》错称诺颜岱为嗒木图昆都伦诺颜之子。

僧格之子岱噶勒、僧格尔察、乌尔呼都勒、多尔济扎木素、固鲁等。

岱噶勒之子奇塔特、锡巴尔、乌尔衮、乌巴什、格隆、阿穆祜郎等。

僧格尔察之子巴达玛，其后裔掌博罗努特部。

乌尔呼都勒之子阿必达、阿南达、阿尔善、阿第斯等。

阿第斯之子伊素海。

多尔济扎木素之子海色图萨拉克齐，其子班第、巴查尔、呼图克、土伯特等。

班第之子乌巴什、玛哈尼、哈喇玉肯、呼毕勒罕大喇嘛等。

巴查尔之子楚尔努勒（无嗣）。

呼图克之子贡布、额尔玛、达雅等。

巴雅斯祜郎之子劳察、达尔玛第、斡斯尔等。

土伯特之子丹津、伊达穆等。

固鲁之子色棱、阿兰楚、布延图、锡喇、车木伯勒等。

色棱之子乌尔图，其子卓果岱[1]。

---

①卓果岱——此处作“卓忽岱”。

阿兰楚之子丹巴台吉扎黑鲁齐，其子甘珠尔[1]，其子垂扎布、吉布扎黑鲁齐等。

布延图之子乌巴什，其子奇纳弥达喇台吉、格博楚托音等。

车木伯勒之子达什。

诺尔布达尔罕卓里克图郡王之子巴拜王、扎木扬、车木伯勒、阿必达、毕什埒勒图等。

巴拜王之子沙克都尔[2]、乌勒吉、喇嘛扎布等。

扎木扬之子桑沁、诺尔布等。

桑沁之子博勒图尔、喇布坦、班珠尔等。

车木伯勒之子车布登、布达喇等。

阿必达之子毛海、贡本、多尔济图萨拉克齐等。

毕什埒勒图之子毕察罕。

沙克都尔王[3]之子丹巴朋素克王、栋罗布喇什诺颜。

丹巴朋素克之子桑杰扎布王[4]、吉希斯旺布图萨拉克齐。

栋罗布喇什诺颜之子齐旺[5]、固鲁扎布、噶勒丹。

---

①甘珠尔——此处作“艮珠儿”。

②沙格都尔——此处为“色格都尔”。

③沙克都尔王——此处为“射格达尔王”。

④桑杰扎布王——此处作“散吉扎布王”。

⑤齐旺——又作“策旺”。

桑杰扎布王[1]之子乌兰察布盟盟长多罗达尔罕卓里克图郡王喇布坦多尔济。

吉希斯旺布之子固木扎布台吉。

索德纳木达尔罕之子海色，其子乌尔善，其子什里，其子丹津、彰奇保、彰保。

丹津之子吉什克多尔济等。

彰奇保之子旺舒克[2]等。

彰保之子阿旺台吉，是专修拉布占巴的喇必尼托音。

额尔齐木墨尔根之子绰什希[3]、琫图萨拉克齐、巴达喇济、博罗、塔毕岱等。

绰什希之子和邦、奇塔特等。

琫之子扎勒布、额琳沁等。

巴达喇济之子班第达、噶扎尔齐台吉、朋素克喇什、楚勒木喇什等。

博罗之子端多克图萨拉克齐，其子根敦扎布、莽济勒扎布等。

---

①桑杰扎布王——此处作“散杰扎布王”。

②旺舒克——又作“旺楚克”或“王苏克”。

③绰什希——又作“乔吉”或“确吉”。

塔毕岱之子都噶尔扎布，其子喇什、喇布坦齐旺等。从四子部分支的大小台吉很多，难以全述，只能记其概略在此。

图美尼雅哈齐三子布尔海诺颜，其子巴尔赛诺颜[①]，其子海岱、海色、赖色三人[②]。

海岱之子图巴公，其子察玛查公，其子都棱公，其子锡喇布（这些人是海岱诺颜的后裔）。

次子海色诺颜之子色棱公，其子吹忠该[③]公，其子达尔玛公，其子鄂勒班公[④]，其子垂扎木素公（后来被革职），其弟阿木尔灵桂公等（这些人是海色诺颜的后裔）。

三子赖色诺颜的儿子阿兰奇和硕齐，其子图们达尔罕札萨克，其子谔班公，其子阿玉什公，其子诺敏公，其子达尔玛第公[⑤]，其子达尔玛什里公（后来被革职），其子达尔玛噶尔第公等（这些人是海色[⑥]诺颜的后裔，执掌乌拉特三旗是布尔海的后裔，今掌乌拉特三旗的

---

①巴尔赛诺颜——又作“巴拉赛”或“巴尔西”。

②赖色三人——哥本哈根版本载：布尔海的幼子叫巴尔什，其子哈勒图、海色、海岱、图塔勒、陶克陶胡、苏莫尔六人。

③吹忠该——又作“垂忠吉”。

④鄂勒班公——又作“鄂勒宾公”。

⑤达尔玛第公——又作“达喇莫岱公”。

⑥海色——这里应该为赖色。

诸诺颜）。

按蒙古旧历数他们的世系谱排列如下：

三萨尔[①]之子恩克铁木儿、安达什里噶勒珠、萨毕希尔扪、葛根和琫图、布仁彻辰[②]、乌尔哈沁墨尔根、哈斯哈勒泰[③]、阿鲁克铁木儿、安达哈里克、岳松苦[④]、什兀失台[⑤]（锡古苏台）、孛罗乃、图美尼雅哈齐、塔斯哈喇[⑥]（奎蒙克塔斯哈喇）、博第达喇卓尔果勒、齐齐克巴特尔、翁果岱忽喇齐[⑦]、奥巴汗、巴达礼亲王、巴雅斯祜郎王、阿尔善王、乌勒吉图王、喇布坦土谢图亲王为止，一共二十四代。这些人自阿鲁克铁木儿以来分支的孛罗乃一个人的后裔，成为十六个旗。

---

①三萨尔——为“哈萨尔”之误。

②布仁彻辰——又作“布尔哈斯钦”。

③哈斯哈勒泰——又作“阿克萨哈勒岱”。

④岳松苦——为“移相格”或“也松固”的异写。他是哈布图哈萨尔的儿子，因为北元初期，蒙古社会空前大动荡，蒙古传统的世系续写出现了混乱状态。后来补写的时候，为了说明世系脉络，以注明形式引用了他们兄弟三人的名字，所以，应该删除为对。

⑤什兀失台——为“锡古苏台”之误。

⑥塔斯哈喇——为“奎蒙克塔斯哈喇”的简称。

⑦翁果岱忽喇齐——又作“翁忽岱忽喇齐”。

青海的和硕特部（乌鲁克铁木儿的后裔）

合撒儿的第九代世孙乌鲁克铁木儿，其子图齐延都棱，其子孛罗特布哈，其子萨岱（其子德古岱），其子阿克岱青桑[①]，其子赛音玛果齐克齐，其子固赛青桑、固什希乌儿鲁克、厚色克齐太保三人。

固赛青桑[②]之子鄂木布青桑[③]、布拜穆尔察[④]、托克达赉青桑[⑤]、鄂齐尔哈喇萨巴尔[⑥]、哈锡敖特根五人。

鄂木布青桑之子哈丹额岱青桑[⑦]，其子纳古尔卫征楚琥尔[⑧]，其子和对额尔德尼诺木齐[⑨]等。

布拜穆尔察之子阿海诺颜洪果尔，其子拜巴噶斯

---

①阿克岱青桑——又作“阿忽岱青桑”。

②固赛青桑——又作“固西”。

③鄂木布青桑——又作“温布青桑”。

④布拜穆尔察——又作“布拜米尔咱”或“博拜穆尔彻”。

⑤托克达赉青桑——又作“陶克达哩青桑”。

⑥鄂齐尔哈喇萨巴尔——又作“鄂齐尔哈拉哈巴尔”。

⑦哈丹额岱青桑——又作“哈勒丹鄂岱青桑”。

⑧纳古尔卫征楚琥尔——又作“纳忽尔卫征楚琥尔”。

⑨和对额尔德尼诺木齐——又作“浩忒额尔德尼诺木齐”。

巴特尔[①]、图鲁拜琥固始可汗[②]、图们台昆都棱都尔格克齐、图讷赫札萨克图、布延敖特根五人。

拜巴噶斯巴特尔之子鄂齐尔彻辰汗、阿布喇台吉[③]二人。

图鲁拜琥固始可汗之子济克什库墨尔根达延可汗、伊勒都齐诺颜、阿济喇台吉、彻辰洪台吉多尔济、达赉洪台吉、达兰泰台吉、额尔德尼岱青桑噶尔扎[④]、阿玉什巴颜阿巴海、衮布察可汗、达什巴特尔亲王十人。

济克什库墨尔根达延可汗之子喇特纳达赉可汗[⑤]，其子喇布散可汗，其子色布腾公索尔扎[⑥]，其子阿哈楚巴勒济公[⑦]。

色布腾、巴勒济二公今驻牧于镶黄旗。这些人是乌鲁克铁木儿的后裔，掌和硕特部[⑧]，定居青海（有的史书称乌鲁克铁木儿的父亲为车布登青桑，车布登青

---

①拜巴噶斯巴特尔——又作"拜巴哈斯巴特尔"。

②图鲁拜琥固始可汗——合撒儿第十八代后裔。明清之交入主青海与西藏地区，创建蒙古和硕特部拉藏可汗王朝。清朝顺治十年（公元1653年）受封"遵文行义敏慧顾实汗"，1656年卒。

③阿布喇台吉——又作"阿巴里台吉"。

④额尔德尼岱青桑噶尔扎——又作"额尔德尼岱青桑哈尔扎"。

⑤喇特纳达赉可汗——又作"拉丹达赖可汗"。

⑥色布腾公索尔扎——又作"色布腾公苏尔匝"。

⑦阿哈楚巴勒斋公——又作"纳哈出巴勒吉公"。

⑧和硕特部——本书将"和硕特部"均写成"忽西古特部"。

桑的父亲为察噶岱青桑[1]。他们究竟属于哪部？掌几旗？有多少名声显赫者？及哪些属成吉思可汗、合撒儿、厄鲁特后裔？谁是他们的分支等，因无翔实史料，故略写其大概）。

成吉思可汗黄金家族分支的
凡合撒儿额真的后裔
全体投靠大清王朝
皆得显赫地位和厚禄。
凡属阿鲁克铁木儿的后裔
均成为科尔沁十旗为首的
十六旗的王公诺颜
执掌七万户兀鲁思部从。

也速该额真的素木彻根[2]哈屯所生广宁王布克别勒古台[3]是博格达成吉思可汗的异母弟，其子也逊铁木儿、

①察噶岱青桑——又作“察哈台青桑”。

②素木彻根——《蒙古秘史》未记载其名讳。有的书称“蒙格伦”或“蒙济勒”。

③布克别勒古台——《蒙古秘史》作“别勒古台”。

们都台吉、哈尔贵诺颜三人[1]。

也逊不花[2]之子广宁王瑚讷图[3]，其子铁木儿、乃颜二位（有的史书称乃颜为别勒古台的五子）。

铁木儿、乃颜之子脱瓦帖木儿[4]、衮不花[5]二人。

口温不花之子抹儿克歹，其四子[6]之幼子阔阔出台吉[7]，其子定王薛彻干[8]，其有子三，三子瓮吉剌歹诺颜[9]。

次子们都[10]，其子萨吉诺颜，其子诺木可汗，其子蒙克特古斯，其子恩克特古斯，其子阿古噶勒珠，其

金轮千辐

①别勒古台之子……三人——《史集》称别勒古台有很多儿子，而只记载了“爪都”一个人的名字。《元史》记载别勒古台之子有“也速不花”“口温不花”“可汗秃忽”三人的名字。

②也逊不花——《元史》作“也速不花”。

③广宁王瑚讷图——《元史》作“爪都”。

④脱瓦帖木儿——《元史》作“脱铁木儿”。

⑤衮不花——《元史》作“口温不花”。

⑥抹儿克歹之子……其四子——《元史》载：“潢察、抹扎儿、撒里蛮、阔阔出。”

⑦阔阔出台吉——《元史》作“阔阔出”。

⑧定王薛彻干——本书作“定王秀齐根干”。

⑨翁吉剌歹诺颜——本书作“洪忽歹诺颜”。

⑩们都——关于别勒古台次子“们都”，汉文文献没有记载。在本书之前撰写的《恒河之流》与《大黄册》均称“别勒古台次子们都”。

子纳布沁博罗，其子忽鲁，其子纳玛沁，其子珠素木，其子哈布尔，其子蒙克，其子茂里海巴特尔王[①]，其子鄂齐赉札萨克图，其子巴彦诺颜，其子巴雅斯瑚布尔古特[②]，其子塔尔尼库同[③]，其子素松该卫征[④]、鄂密特默克图[⑤]二人。

沙克沙僧格之子额尔德尼图们札萨克图、彰果塞布克伊什格卓力格图二人。

额尔德尼图们札萨克图之子布达什里札萨克图彻辰济农[⑥]，其子都斯噶尔济农王，其子鄂尔青济鲁布

①茂里海巴特尔王——又作“摩里海巴特尔”或“毛里嗨巴特尔”。

②巴雅斯瑚布尔古特——《大黄册》作“巴亚斯胡布尔古德”。

③塔尔尼库同——又作“塔尔尼库登”。

④素松该卫征——《大黄册》作“色古僧乞”，《王公表传》作“沙克沙僧格”。

⑤鄂密特默克图——又作“斡米特莫格图”。

⑥布达什里札萨克图彻辰济农——又作“布达西里札萨克图斯钦济农”。

王[①]，其子巴达玛衮楚克王[②]，其子索诺木喇布坦大王，其子尹达木扎布郡王[③]。

次子伊什格卓里克图[④]之子萨尔扎勒卓力克图郡王[⑤]，其子达木丕勒卓力克图王，其子噶勒丹、扎木巴勒扎布卓里克图王，其子旺布卓里图王[⑥]。

达赉库同[⑦]（塔尔尼库同）的次子鄂密特默克图[⑧]，其子冰图诺颜，其子童都额尔德尼固什诺颜，其子多尔济伊勒登，其子都斯希布土谢图贝子、色棱墨尔根贝勒二人。

---

①鄂尔青济鲁布王——又作“鄂尔青喀鲁布王”，《大黄册》作“鄂尔占济鲁布王”，《王公表传》作“鄂尔章喀拉布王”。

②巴达玛衮楚克王——又作“巴达玛官楚克王”。

③尹达木扎布郡王——又作“爱别木郡王”，《王公表传》作“乃别囊帐中郡王”。

④伊什格卓里克图——《王公表传》称：“名多尔济，号额齐格诺颜，崇德六年袭札萨克多罗卓里克图郡王。”

⑤萨尔扎勒卓力克图郡王——《王公表传》称“萨尔扎卓里克图郡王”。

⑥旺布卓里郡王——哥本哈根版本没有记载此人。《王公表传》称其为“齐棱旺布”，占布拉扎布次子，乾隆十六年袭札萨克多罗卓里克图郡王。

⑦达赉库同——即上文“巴雅斯瑚布尔古特之子塔尔尼衮同”之误。

⑧斡米特默格图——即上文“鄂麦特莫格图”或“诺密特默克图”，其后裔掌管阿巴哈纳尔部。

都斯希布土谢图贝子之子[1]永谢布贝子[2]，其子额琳沁达什贝子，其子巴勒珠尔贝子，其子德格登朋素克贝子。

次子色棱墨尔根贝勒，其子萨玛噶尔阿勒德尔贝勒，其子布昭贝勒[3]，其子齐当旺舒克贝勒[4]，其子索诺木喇布坦，其子纳木扎贝勒，其子喇什敏珠尔贝勒，其子车布登贝勒等。

布克额真[5]的三子哈尔贵诺颜，其子霍尔吉诺颜，其子塔楚等。（布克额真的后裔今掌四个阿巴嘎旗。）

---

①都斯希布土谢图贝子——又作“都扎布土谢图贝子”。

②永谢布贝子——本书作“中色贝子”。

③布昭贝勒——又作“宝珠”或“博尤贝勒”。

④齐当王舒克贝勒——又作“齐丹旺楚克贝勒”或“策登旺楚克贝勒”。

⑤布克额真——这里指的是成吉思可汗异母弟弟别勒古台。

圣主成吉思可汗同胞四弟哈赤温[①]，丁亥年生，其子济南王额勒济台，其子哈丹台吉，其子隆王忽剌出、察忽剌二人[②]。

察忽剌长子济南王者尔济、忽剌忽儿[③]。

忽剌忽儿之子武王穆纳齐，其子武王多鲁[④]，其子阳王巴拜[⑤]。

以下是载入施主名单的非完整记载，属妥懽帖睦尔可汗时代的事迹。

巴拜之子青巴图诺颜，其□哈赤曲鲁克，其□赛音博勒克图，□蒙克萨喇，□阿喇克诺颜，□赛音鄂齐尔，□巴彦洪果尔，□伊喇楚诺颜，这些人是林丹

---

①哈赤温——《蒙古秘史》作“合赤温”，为成吉思可汗同胞弟弟之一，翁牛特部的始祖。

②隆王忽剌楚、察忽剌二人——《元史》称额勒济格台之长子为哈丹，其子忽剌出；称其次子为察忽剌大王。本书记载与《恒河之流》一致。

③忽剌忽儿——《元史》称此人为额勒济格台之三子。

④武王多鲁——《恒河之流》作“多罗”；《元史》作“多列捏”，称是济南王额勒济格台之四子。

⑤阳王巴拜——《水晶鉴》记载别勒古台与哈赤温的世系时，直接引用了《金轮千辐》。拉喜彭斯克写到阳王巴拜而接着说：“《金轮千辐》尚未记载其后之事”。翁牛特左旗图萨拉克齐札萨克台吉衮布车布登所藏其家族系谱中说：“巴颜台洪台吉以及其子额合格噶勒珠……他们是翁牛特二旗的诸诺颜”。

呼图克图可汗时期的人物。

伊喇楚之子布延图，其子蒙克铁木儿可汗，其子巴雅斯呼□图美多克森杰尔噶朗图□蒙克察罕□巴延岱洪果尔，班第彻辰□额森孛罗特□图伦都棱汗，其子有七人[1]。

扶助清朝顺治皇帝的察罕，长子逊都棱郡王□博多哈王，毕里衮达赉，其弟鄂齐尔台吉。

毕里衮达赉的儿子班第的王爵袭给鄂齐尔台吉，其子布博克□萨齐旺□布达扎布□拉扎布王。他们是右翼翁牛特的诸诺颜。

图兰杜棱罕的次子栋达尔罕岱青贝勒[2]，其子叟塞

①图兰都棱可汗……之七子——《王公表传》载："长子逊都棱，次子阿巴嘎图洪台吉，三子同岱青，四子班第卫征，五子达赖诺木齐，六子色英莫尔根，七子本巴楚琥尔"。

②栋达尔罕岱青贝勒——《王公表传》称："图伦都棱可汗次子阿巴嘎图洪台吉，三子为栋岱青。"将"贝勒"写成"贝连"。

□璘沁额勒德布鄂齐尔□旺舒克□诺尔布扎木素□济格济德扎布，其子达尔罕岱青贝勒达木琳扎布。他们是左翼翁牛特的诺颜。

图兰杜棱的幼子诺木齐洪台吉[①]，在北京为贝勒[②]。他的后裔多在北京，应予以补充。

圣主成吉思可汗同胞五弟斡惕赤斤，戊子年生，其子阿勒坦台吉[③]，其子阿木尔台吉[④]、尼雅哈齐[⑤]、只不干诺颜[⑥]三人。

---

①诺木齐洪台吉——《王公表传》称：图伦都棱可汗五子为“达赖诺木齐”，七子才是“敖特汗儿子”“本巴楚琥尔”。

②在北京为贝勒——从《金轮千辐》整体上看，“阳王巴拜”以下到这句，为后人所加。

③阿勒坦台吉——据《史集》载，帖睦格斡惕赤斤有众多的儿子。《元史》载帖睦格斡惕赤斤儿子八名，其中“斡端大王”是接近此“阿勒坦台吉”。

④ 阿木尔台吉——《元史》之“阿术路大王”接近此“阿木尔大王”之名。

⑤尼雅哈齐——《元史》作“爱雅哈赤”。蒙古文文献又作“吉雅噶齐”。

⑥只不干诺颜——《元史》中“只不干大王”接近此“只不根诺颜”。

只不干之子塔斯哈喇台吉[①]，其长子寿王鼐玛岱，幼子博罗岱。

博罗岱之子西宁王搠鲁蛮[②]（据说斡惕赤斤后裔在哈拉哈部，具体史料不详）。

承天命四弟弟之后裔
天之骄子黄金家族分支
此四位胞弟之后裔
均受可汗的隆恩厚禄

①塔斯哈喇台吉——《元史》为“塔察儿国王”。

②西宁王搠鲁蛮——本书作“西宁王希尔忽克”。

统辖所属部众安邦乐业。

凡属黄金家族的分支成员

世世代代不断承袭官衔

帝王的恩惠和重用，

执掌所部安定一方乃又为奇迹。

身为最初共戴王之根基坚固

萨思嘉教派的佛运深至尊萨嘉派能者行摩顶礼的宗亲广大

书生天赐予的源流深远

遇太平盛世万民同乐乃福分之极！

这章是成吉思可汗的四位弟弟之后裔成为王公贵族，并永享厚禄等相关的内容。

第六册

第六册主要记叙额讷特克、四夷、九乌儿鲁克、十万蒙古部众的区别及卫拉特厄鲁特源流等项内容。

话说，承天启运的圣主成吉思可汗收服瞻部洲东方

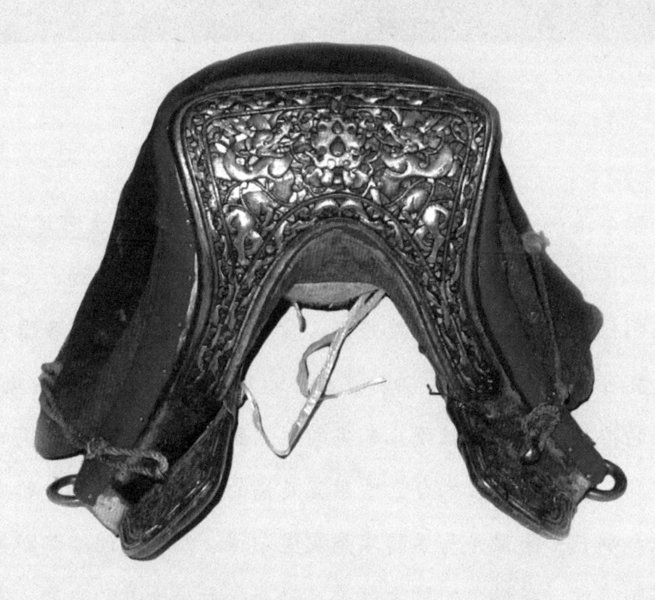

·马鞍·

十二可汗[1]之国，定为九省五色四夷[2]之事：以七十二部四十余万蒙古为中心的中央大省[3]；

以东方诸部白色索伦古斯、客列亦惕[4]二省；

·马镫·

①瞻部洲东方十二可汗——蒙古史诸文献称“十二大可汗”“十二坏可汗”“十二乌鲁思”。最早提出此名词的是《十善福白史》，却没有点明他们的名字。罗布桑丹金《黄金史》记载称：“各自为政的十二位坏可汗”，点其名字为：“泰亦赤兀惕的塔儿忽台乞邻勒秃黑、主儿勤的撒察别乞、三姓蔑儿乞惕的脱黑脱阿别乞、客列亦惕的王汗脱兀邻勒、扎答兰的札木合、哈尔里兀惕的阿儿思兰可汗、斡亦喇惕的忽秃合别乞、豁里秃马惕的孛秃灰塔尔浑、维忽惕的亦都护惕、奈曼的塔阳可汗、塔塔尔的蔑古镇薛兀勒秃、六个女真的占冲（章宗）

可汗”。罗密撰写的《蒙古孛儿只斤氏的史》称：“这十二位可汗是惨无人道，穷凶极恶”，“为所欲为地盘剥百姓的可汗”。

②九省五色四夷——蒙古文文献经常出现这一术语，最早出现在13世纪《十善福白史》上，称：“位在中心动态上部大蒙古国，东方速龙古斯（高丽）、必特衮二国，南方乞塔惕、克里业惕二国，西方巴勒布、萨尔特古勒二国，北方塔吉克、吐蕃特二国，为五色四夷九大国”。

③七十二部四十余万蒙古为中心的中央大省——“都钦图们蒙古”这个术语也是最早出现在《十善福白史》上，称“位在中心的四十万大蒙古国”。其后有《阿勒坦汗传》称巴图蒙克被推举为北元大汗，“四十万蒙古聚集在一起，推举其为达延可汗”。依次看来，“四十万蒙古”是大元时代的提法。所以，萨囊彻辰论述大元以来的蒙古状况时，总称“古代四十万蒙古国”。大元政权退出中原之后的北元时代，蒙古人又按传统的说法称“四十万蒙古与四部卫拉特”，简称“都钦杜尔边二部”。值得注意的是，《蒙古秘史》与《史集》中从未出现过“四十万蒙古”这个提法。

④白色索伦古斯、客列亦惕——“白色索伦古斯”指的是高丽国。在大元时期，高丽国臣属于大元朝，所以，称“白色索伦古斯”。“乞鲁格惕”这一名词也是最早见于《十善福白史》，称“何里业惕”。本书写成“乞鲁格惕”。德国蒙古学家瓦·海西西先生认为，拉施特在《史集》所载“克棱古惕”与“何里业惕”“乞鲁格惕”是一样的。还有人怀疑“何里业惕”与“乞鲁格惕”可能是来源于“客列亦惕”或为其分支。

南方诸部红色乞塔惕[1]、必特古惕[2]二省；

西方诸部黑色唐兀惕[3]、塔什克[4]二省；

北方诸部黄色萨尔塔兀勒、托玛克[5]二省，共九省。这即是“五色”，因物质的存在之理归为五行，所以，归纳为太空、空气、火、水、土等性质进行命名。

所谓四夷是指外部四色部众对中央大国纳贡，并接受其文化、指令、法律。因为外来者而懂得其文化、法律，所以称其为夷部。

给四位弟弟和四位太子分封财产之后，说：“在自己的领地内可以自主！”故，他们称其

·蒙古汗国时蒙古人使用的锅、锅架·

①乞塔惕——《十善福白史》一书提到的“四夷大国”中称：“西方乞塔惕、囊乞雅惕二国”，这是突厥时代独特的方向定位所导致的。《黄金史》称“九色国”中谓“乞塔惕属于红色”。又称“乞塔惕具有四色，白色乞塔惕在额讷特哥地方，黄色乞塔惕在大海之中，黑色乞塔惕在青济地方，红色乞塔惕在南带之地”。从《十善福白史》之后的蒙古文史书中，用颜色称呼的现象比较普遍。

②必特古惕——这一名词也是在《十善福白史》以“必特衮”和“必

特古惕"的单数或复数形式出现的。细察蒙汉文文献，常常把奈曼与必特古惕联系在一起的比较多。《蒙古源流》称："成吉思可汗出征奈曼部，奈曼部塔阳汗率八部必特津（必特衮）八万军队迎战……"。《水晶鉴》称："奈曼必特衮的塔阳汗"。陶宗仪的《南村辍耕录》搜集的蒙古"七十二部"当中有："别帖乞乃蛮部"。以此看来，"必特古惕"属于"乃蛮部"所属。张尔田先生在其《蒙古源流笺证》中把"必特衮"音译成"必塔锦"而误称"人名"。留金锁先生曾经指出："必特衮为游牧部落，主要栖息在我国东北，是以狩猎为生的部族。"泰亦赤兀惕·满昌先生在其《蒙古族全史》中，把"北狄"译成"必特古惕"。

③唐兀惕——《十善福白史》在"四大异邦"中称："北方黑色吐蕃特与唐兀惕"。《黄金史》之"九色国"称："吐蕃特为黑色"，又称"黑色吐蕃特位于乞塔惕边缘地带"。"唐兀惕"本为蒙古语，意思是"跟随唐朝的人们"。"吐蕃"与"拓拔"同根。"唐兀惕"是"拓拔"的分支。青海与新疆地区的卫拉特与和硕特蒙古人至今仍称"吐蕃特"为"唐兀惕"。

④塔什克——也是《十善福白史》最早提起"塔什克"这个名词。吐蕃特语作"ta-zig"或"stag-gzig"两种。汉文文献作"大食"，专指阿拉伯人。最近藏族青年学者才让太发表论文称："stag-gzig"不是汉文文献所说的"大食"人，而是指生活在西亚广阔地区的所有人。这是一个崭新的观点，令人欣赏。

⑤托玛克——为"托克玛克"之异写。泛指吉尔吉斯斯坦。《黄金史》称："博格达额真的长子术赤之后裔执掌了托克玛克"。

为“内四夷”；独腿国（柔利国）[1]、女人国[2]、穿胸国[3]、狗头国（狗国）人妻狗国[4]、尺身兔马的小人国[5]等。因为他们属于异类而称其为夷狄或异国。

以九乌儿鲁克[6]闻名的大臣是：统辖九省的阿尔鲁特人曲鲁克孛兀儿出、帖列格图伯颜之子扎赉特部人国王太师木华黎、乌审部的爱将孛儿忽勒、卫拉特部的哈喇克鲁克、乌梁可汗部的赛音吉勒玛（者勒篾）、别速惕部的诺颜吉伯（者别）、塔塔尔部的失乞忽都忽、速勒都逊部的什喇、公宁文静王主儿扯惕部的绰·篾儿干等。

跟随博格达额真以来
忠诚效力功劳超众
辅佐建国使圣主大悦
成为重臣执掌朝政大计。
臣者之首九乌儿鲁克后裔
繁衍虽多但翔实记载极缺
只有者勒篾后裔有系谱。
五色之国各代时事不一
兴衰与断代各有千秋
海洋般的大国宏业
在反复治理中随时代而更替。

妥懽帖睦尔可汗从大都城带出的十万大众[7]是：察哈尔、哈拉哈、乌梁海、鄂尔多斯以及客列亦惕、厄鲁特、巴哈图特、忽雅克坛等。

①独腿国——汉文文献《异域志》称其为“柔利国”，“彼国人长相似鬼，不可与人类相比。屈膝前行，有独手独脚”。据《山海经》载：“其国位于独目国东”。可参看《异域志》之“一臂国”。

②女人国——女儿国,《黄金史》载“九色国”中称“女儿国人绿色”。《山海经》第二卷《海外西经》载：“女子国在巫咸北，两女子居，水周之。一曰居一门中。”元朝周致忠撰写的《异域志》称:“女人国”。还有《博物志》《梁书·东夷传》《西域记》均有奇异记载。

③穿胸国或称无头国——见《异域志》之“穿胸国”。

④狗国——见《异域志》之“狗国”。

⑤小人国——见《异域志》之“小人国”。

⑥（成吉思可汗）九乌儿鲁克——最初提起“九乌儿鲁克”的也是《十善福白史》。称所谓的九乌儿鲁克者，专管可汗九种象征物的大臣。他们是属于管理可汗大仓六十九部的中心人物。《蒙古秘史》与《史集》等重要文献均没有提及“九乌儿鲁克”的名字。所以可以断定，“九乌儿鲁克”的提法是后人根据成吉思可汗时期的功臣们所立的功绩追认的荣誉。

⑦妥懽帖睦尔可汗从大都带出的十万大众——哥本哈根版本载：“察哈尔、哈拉哈、兀梁可汗、鄂尔多斯、土默特、永谢布、客列亦惕、厄鲁特、巴嘎图特、忽雅克坛”。《大黄册》与本书记载基本一致。《恒河之流》记载的不见“忽雅克坛”，而用“挥特、巴哈图特”来代替了。

察哈尔八鄂托克[①]是：敖汉、奈曼、苏尼特、乌珠穆沁[②]，他们是山阳东部四鄂托克。主亦特、孛鲁特、阿喇克、阿喇克赤兀惕，他们是山阴西部四鄂托克。

被称为阿喇克十二库列延的有哈拉哈部，其他部落情况不详。

·蒙古军队的盔帽·

山阳五鄂托克哈拉哈[③]是：扎鲁特、巴林、弘吉剌惕、巴岳特、乌济业特。

金轮千辐

①察哈尔八鄂托克——哥本哈根版本将“鄂托克”全部写成了“努图克”。这里把察哈尔分成“山阳”和“山阴”二部。这就是蒙古文文献经常提起的“察哈尔八部”。虽多处提到这个名词，但详细注明的很少。唯独这本《金轮千辐》交代了察哈尔八部的详细情况。

②乌珠穆沁——本书作“乌珠们”。

③山阳五鄂托克哈拉哈——他们是扎鲁特、巴林、弘吉剌惕、巴岳特、乌济业特。过去的蒙古史学者们提到扎鲁特、巴林、巴岳特三部的次数较多，而提及弘吉剌惕和乌济业特的则较少。这本《金轮千辐》第一次完整地列出了五部名称。当今扎鲁特旗在通辽市管辖之内，两个巴林旗在赤峰市管辖之内。弘吉剌惕和巴岳特在清初没有得到札萨克。乌济业特部的历史是一个大题目。他们是成吉思可汗幼弟帖睦格斡惕赤斤的后裔所属。蒙古文文献称“乌济业特”，汉文文献则称“兀良哈”。

乌梁海图们等三部是：
时刻跟随可汗主子
遇险时舍命救驾
为国家效力最大的
可爱的东部三万户是：
八白室的守护者
六图们鄂尔多斯，
阿尔泰口的驻守者
十二鄂托克土默特，
七鄂托克大永谢布
阿苏特、喀剌沁等一万户，
以守护宫室有功
而历历作乱的一部人
看守边关而摆盛宴

·蒙古军队使用的铁刀、铁矛·

被砍杀的西部三图们[1]是他们。

垂斯部[2]的巴图拉丞相[3]时期叛逆的卫拉特四部是：客列亦惕、和硕特[4]、土尔扈特为一万户；杜尔伯特、厄鲁特、准噶尔为一万户；辉特、巴哈图特为一万户；巴尔虎、布尔哈特（布里亚特——译者）为一万户[5]。

·清代蒙古兵使用的锁子甲、枪·

金轮千辐

①西部三图们——蒙古文文献中称“东部三图们”和“西部三图们”，而总称“六万大众”的是《阿勒坦汗传》。有时还简称“东图们”和“西图们”。

②垂斯部——为“绰罗斯部”之误。有关历史文献称：“绰罗斯部的祖先因吸吮桦树枝杈流滴的汁液而得以活命，为此命名本部为‘绰罗斯’。”

③巴图拉丞相——卫拉特四部开始强盛时期的一位著名首领，绰罗斯部人。

④和硕特——15世纪上半叶，有瓦剌绰罗斯部脱欢太师征服整个蒙古北元王朝，将乌济业特部为主的南部科尔沁乌鲁克特穆尔属辖的一部分人掳掠而去。他们在准噶尔经过数代人的发展，成为和硕特部。和硕特部诺颜们是属于合撒儿的后裔。这段历史比较模糊。因为，公元1326年的“两都战争”结束后，元朝廷有大臣进谏说：“辽王脱脱所属地域广，人口众，应削减”。而史籍没有记载。历史上是削减了辽王所属乌济业特部一部分给有功的合撒儿后裔。

⑤巴尔虎、布尔哈特为一万户——“布尔哈特”是“布里亚特”之误。关于卫拉特四部的联盟问题，金峰教授做了详细的研究，称：“头四卫拉特”（公元1437—1502年）为“绰罗斯、土尔扈特、和硕特为第一部；土默特、挥特、巴图特为第二部；巴尔虎、布里亚特为第三部；其他蒙古部落合成第四部”。“中四卫拉特”（公元1502—1637年）为“和硕特第一部；绰罗斯第二部；土尔扈特第三部；杜尔伯特第四部”。“末四卫拉特”（公元1637——1758年）为“和硕特之一半第一部；准噶尔第二部；杜尔伯特第三部；留在土尔扈特原籍的挥特为第四部”。

如今客列亦惕部被称为萨尔吉斯部[1]。

和硕特部占据青海

土尔扈特部的诸诺颜[2]是：客列亦惕部王汗之后裔和果逊[3]，其子巴扎尔，其子玛哈齐莽吉尔[4]，其子贝罕，其子卓鲁海乌儿鲁克，其子豁阿乌儿鲁克，其子锡固尔岱青，其子瑧钟[5]，其子阿尤西可汗[6]（其子多尔济栋罗布，其子庆王乌巴什汗。于乾隆三十五年归附清政府）。

这准噶尔是：绰鲁斯氏忽兀海大尉之子巴图拉丞相，其子脱欢太师，其子也先太师，其子阿里衮太师，其子翁果察，

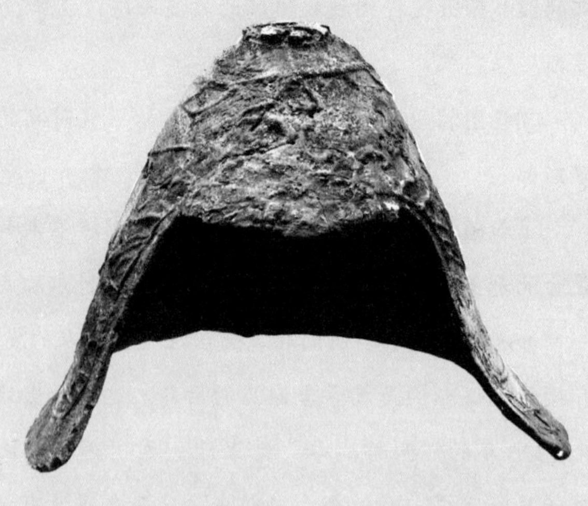

·蒙古武士·头盔·

其子布勒汗太师，其子固玛里哈喇忽兰[7]，其子呼图克台花台吉沁[8]，其子僧格、噶勒丹博硕克图可汗二人。

僧格之子策旺喇布坦，其子噶勒丹车棱可汗（噶勒丹车棱可汗[9]，其子拉木多尔济、策旺多尔济纳木扎勒[10]时期失去政权，乾隆二十一年归附清政府）。

辉特部是辉特系扎巴汗墨尔根[11]的后裔。成吉思可汗将自己的女儿其其根[12]嫁给了卫拉特部忽达汗别乞[13]次子伊喇克齐[14]；又将长子拙赤的女儿豁罗汗[15]嫁给其

①萨尔吉斯部——《大黄册》称："哈里亚特，以为厄鲁特，成为当今的萨尔吉斯国"。本书的记载证明了这里出现的"哈里亚特"为古代"客列亦惕"之误。

②土尔扈特部的诸诺颜——关于土尔扈特部诺颜的世系谱，蒙古文文献有《大黄册》《嘎旺锡喇布传》以及乌巴什图们撰写的《四卫拉特历史》等，这些文献记载相互不一致，很难统一。汉文文献《西域图志》称："奇旺——苏耒——巴雅尔——孟克——贝果鄂尔勒克——卓立干鄂尔勒克——卫昆察卜赤——和鄂尔勒克"。

③和果逊——又作"苏忽孙"或"苏穗"。

④玛哈齐莽吉尔——又作"玛尼莽吉尔"。

⑤琫钟——又作"布旺冲"，《四卫拉特历史》作"盆楚克"。

⑥阿尤西可汗——又作"阿尤毕"，《四卫拉特历史》作"阿尤乞"。

⑦固玛里哈喇忽兰——又作"固玛子哈喇忽兰"。

⑧呼图克台花台吉沁——"呼图克合兑花台吉钦"这个名字不知从何而来，僧格与噶尔丹博硕克图可汗的父亲应该为"额尔德尼巴特尔洪台吉"。

⑨噶勒丹车凌可汗——本书作"哈勒达璘可汗"。

⑩策旺多尔济纳木扎勒——本书作"策旺多尔齐纳木扎勒"。

⑪扎巴汗墨尔根——为"雅巴可汗莫尔根"之误。

⑫其其根——又作"彻彻伊根"。

⑬忽达汗别乞——《蒙古秘史》作"忽秃合别乞"。

⑭伊喇克齐——《蒙古秘史》作"亦纳勒赤"。

⑮豁罗汗——《蒙古秘史》作"豁雷可汗"，《史集》作豁雷可汗为"豁雷"。

长子都鲁勒济[①]。其后裔鄂齐赉明哈图、其子素岱明哈图、额斯勒拜吉察[②]，其哪位的后裔为诺门达赉，其子素勒坦太师，其子绰斯勤[③]，其子阿术太师[④]等。

·元代的六耳铁锅·

合撒儿额真的属民为：新明安[⑤]、塔本茂明安、乌拉特、塔塔喇沁、布达沁、阿勒塔沁、郭尔罗斯等鄂托克为左翼七鄂托克图们。

客列亦惕、主亦特、伊克明安、固温努克什克、忒博衮、塞曷特六鄂托克为右翼客列亦惕部。

这十三个鄂托克为合撒儿额真的两翼十万户。

且说，

承天命降生在皇氏家族

①都鲁勒济——《蒙古秘史》作“秃嚕勒赤”。

②额斯勒拜吉察——又作“额斯勒拜乞雅”。

③绰斯勤——本书作“绰钦”。

④阿术太师——挥特部诸诺颜的世系因阿穆尔沙那反清而被毁，因此，很模糊。

⑤新伊明安——为“新明安”之误。

托苍天隆恩扶助之
天下三十六位可汗
信天之佑护和明鉴而生存。
其下四胞弟四太子之后裔
掌舵上佑下依之大福音
以次成就显赫名声和地位
家门兴旺享福无比。
皇族源流如恒河之流
宝玉江山稳若须弥山
弘传奇妙宗教如日月生辉
有幸遇见当朝太平盛时。
托福缘又得弘扬佛法之机遇
受皇帝隆恩皆成达官贵族
宗亲方圆、君臣和谐。
在安乐中：
“人若不知其族源
犹如森林中迷路的猿猴。
人若不知其姓氏及历史
就像雕琢而成的玉龙”。
“人若不品读先辈所撰的书籍典故，
就像堕落迷途的儿童”。

·蒙古军队的盔帽·

JLQF

这是圣识五世大师[1]为首的贤哲们的教诲。为此，从自己所能查到的诸多史书中，摘录有意义的部分，凭尽有史料程度，遂成是书，锡埒图固什答理麻。

愿氏族之尊满洲[2]及元氏莲花座稳固！

愿社稷之尊大清朝千秋永存！

愿氏族之尊满洲黄金家族闻名天下！

愿宗亲之尊满蒙皆幸福无疆！

愿朝政之尊大清社稷固若泰山！

愿真理之尊佛教之光永照大地！

愿虔诚的信徒之根像噶勒巴喇逊[3]般繁华茂盛！

愿坚贞的博爱之心洒满人间！

自圣主成吉思可汗诞生的壬午年起，

自汗族之源流繁衍以来，

自普天君主乾隆四年起，

万事定成的己未年为止，

历时五百七十八年

自达延可汗诞生至林丹呼图克图可汗[4]，历时二百七十四年，

自那甲戌年至己未年，

又经历五百年；

自敖汉大王垂木丕勒[5]与阿第沙贝勒[6]起，

上溯至博格达成吉思可汗为止，

共承袭四十一代时，

抚助佛教的诸可汗之因果，

执掌政教的源流脉络必须要理清。

①圣识五世大师——这里指的是五世达赖喇嘛阿旺罗桑嘉措（公元 1617—1682 年）。他在西藏佛教史是上颇有影响的一位高僧。当他执掌西藏佛教格鲁派的时候，该教受到来自萨思嘉派的种种压迫，日子过得非常艰难。他和班禅商议决定，请准噶尔部和硕特部的什可汗图鲁拜琥与厄鲁特的额尔德尼巴特尔洪台吉入青藏地区，挽救了格鲁派的危险处境，建立了以和硕特部为中心的喇藏可汗王朝。后来，他带领青藏地区佛教庞大的代表团赴清政府首都北京，受到顺治皇帝的盛情款待。顺治皇帝赐予他“西天大善自在佛所领天下释教普通瓦赤喇旦达赖喇嘛”封号。他著有《西藏王臣记》《相性新释》《菩提道次第论讲义》《引导大悲次第论》等有影响的佛教论著。

②满洲——本书作“莫图”。

③噶勒巴喇逊——又作“噶勒巴拉克察”。

④林丹呼图克图可汗——本书作“西克达呼图克图可汗”。

⑤垂木丕勒——据《王公表传》所载，此人于康熙四十七年（公元 1708 年）承袭敖汉旗札萨克多罗郡王，雍正十二年（公元 1734 年）升任昭乌达盟副盟长。乾隆八年（公元 1743 年）逝世。

⑥阿第沙贝勒——此人于康熙四十七年（公元 1708 年）袭扎鲁特右旗札萨克多罗达尔罕贝勒，乾隆二十九年（公元 1764 年）因犯罪被削去爵位。当年去世。

出自对佛教的虔诚信念，
以扶助宗教传布佛法为己任，
编撰此部黄金家族简史，
黄金氏族心境之愉，
名《金轮千辐》之书，
是乃我心中铭刻的瑰宝。
愿政教永固，
宗亲齐乐，幸福安康，
生命永恒正气得以高扬等
成为瞻部洲之顶饰至尊！
因为记下的是神圣之源流史，
故追求了无垢、无误和善果。
但愿此遵循十善福轨迹而就的无害之册，
成为后人归依菩提呼图克之道的法典！